수염 기르기

수염 기르기

유승도

도서출판 b

책머리에

배고프던 시절, 사람들은 소쩍새 울음소리를 '솥적다 솥적다'로 들었다. 지금의 내겐 소쩍새 소리가 그렇게 들리지 않는다. 아무리 들어도 솥이 적다고 느끼는 소리로 들리지 않는다. 배가 고프지 않은데 어찌 솥이 적다고 들을 수 있겠는가?

'홀딱벗고새'라는 새가 있다. 검은등뻐꾸기를 지칭하는 말이다. 울음소리를 가만히 듣고 있으면 '홀딱벗고 홀딱벗고'라고 들려오기도 하는 것이어서 사람들의 마음이 어디로 향하고 있는지를 짐작하게 한다.

사람들은 오랫동안 자연과 일체화된 경지를 꿈꾸어왔다. 한편에선 인간을 중심에 두고 자연을 주변적인 것으로 격하시키거나 신령스런 존재로 격상시키기도 했다.

　나는 요즘 '만물(신까지 포함하여)은 절대적으로 평등하다'는 생각을 한다. 인간과 자연 개개 물체는 일대일 대등한 관계다. 따라서 서로 존중하는 사이가 되어야 한다. 자연은 인간과 일체화된 모습으로 다가올 때 귀중한 존재가 되는 것이 아니다. 스스로의 모습 그대로, 그 자체로 귀중한 존재이다. 인간들 또한 그 처지나 위치와는 상관없이 절대적으로 평등하다.

　세상이 어지러울수록 각각의 사람들은 자신을 돌아보며 당당함을 잃지 말아야 한다. 힘이 약해 잡아먹힐지라도 삶과 목숨을 구걸하지 말아야 한다. 그 무엇과도 바꿀 수 없는 개개의

존엄함을 스스로 지켜내야 한다. 그 무엇의 노예도 되지 말아야 한다. 돈이 많건 적건, 학벌이 있건 없건, 배웠건 배우지 못했건, 여자건 남자건, 어른이건 아이건, 권력이 작건 크건 대등하며 위아래가 있을 수 없다.

 이번 산문집은 <현대 불교> 신문에 1년간 연재되었던 글을 간추리고 이런저런 사보와 문예지에 실렸던 산문을 한데 묶은 것이다. 두 번째 산문집 이후 4년 만이다. 누님과 형님들 그리고 아내에게 괜찮은 선물이 됐으면 하는 작은 바람을 가져본다.

2011년 초여름 망경대산에서
유승도

| 차 례 |

책머리에 ·· 5

제1부

겨울비 내리는 날에 ·· 15
노란 개구리 ·· 20
흔들리다 ·· 24
쥐와 나 사이엔 덫이 있다 ·· 28
새의 집 ·· 32
닭이 살던 자리 ·· 36
자연의 눈 ·· 40
우산 ·· 44
부르는 소리 ·· 48
봄이 왔다 ·· 52
고개 숙인 꽃 ·· 56
복슬이 ·· 60
기다림의 끝 ·· 64
가는 봄은 고요하다 ·· 68
다시 자유를 생각하다 ·· 72
별은 가까이 있다 ·· 76

그믐 태양 ·· 80
삶의 빛깔은 붉다 ·· 84
자연의 순환 ·· 87
감자꽃 ·· 91
수염 기르기 ·· 95
새소리를 들으며 잠이 드는 아침 ·· 99
소주 한 병 ·· 103
흡혈 ·· 107
바보들도 살 수 있는 곳 ·· 111
칸나 ·· 115
상사화 ·· 119
검은 밤 붉은 길을 달리며 ·· 123
저녁에서 아침까지 ·· 127
집 ·· 131
호수의 가을 ·· 135
손 ·· 139
엷은 안개가 깔린 날 오후 ·· 143
새 두 마리 ·· 147
까마귀의 아침 ·· 151
봄을 바라보며 깊어가는 늦가을 풍경 넷 ·· 155
조급한 마음을 넘어서 ·· 159
겨울, 보름달빛, 훤하다 ·· 163
덫에 걸린 삶 ·· 167
나무보일러 그리고 ·· 171
산골 송년회 ·· 175
신년 선물 ·· 179

제2부

연리지連理枝가 되려는가? ·· 185
깡통 속 노란 꽃 ·· 190
30여 년 뒤의 아들을 만나다 ·· 194
포도가 익어가는 계절 ·· 200
2008 여름, 한 남자의 어느 날 ·· 204
부르는 사람 ·· 208
맡겨진 강아지 ·· 212
자연과 시 ·· 215
궁금의꽃 ·· 224
때가 되었다 ·· 227
이어지는 모습 ·· 230
시린 어깨 위에 내려앉는 추억의 겨울 ·· 233
차가운 얼굴 ·· 241
자신에게 기도하는 자의 모습으로 ·· 246
새로운 시작을 위하여 ·· 249

제1부

겨울비 내리는 날에

조용히, 겨울비가 내린다. 얼었던 땅이 말없이 녹아, 내 딛는 내 발을 질척질척 잡는다. 음지에 허연 빛으로 누웠던 눈도 말끔히 자취를 감췄다. 흙이 되어가는 낙엽과 풀들이 젖은 몸으로 지난 시절을 말하고 있지만 푸르름의 소리들은 들려오지 않는다.

 머리를 적시는 빗방울을 개의치 않고 집 주위의 산등성이와 숲을 둘러보다가 방으로 들어와 창가에 앉았다. 산 아래 골짜기에서 구물구물 몸을 일으킨 안개가 거무튀튀한 땅을 덮으며 나를 향해 오른다. 곧 내가 사는 산 중턱의 오두막도 그 안의 나도 안개가 됐다. 세상은 적막한 가운데 흐름이 멈춘 것만 같다. 그것도 잠시였다. 한복을 차려입고 춤을 추는 여인이 치마의 한쪽을 들어 올리듯 벌거숭이 나무들을 슬쩍 드러내는가 싶더니 안개도 그만 산 위로 올라간다.

유난히 추웠던 올 겨울도 그만 물러나려는 것일까? 나의 바람과는 상관없이 때가 되면 오는 봄이건만, 은근슬쩍 기다려지기도 했던 예년과는 달리 올핸 기다림마저 나와는 상관없는 이야기다. 오면 오는 대로 맞이하면 그뿐, 기다리는 마음도 거부하는 마음도 나를 떠났다. 할 수만 있다면 있는 그대로의 모습을 바라보며 살고 싶다. 현실을 회피하고 싶지 않다. 지금 눈앞에 보이는 모습 그대로, 내게 다가오는 세상의 모습 그대로를 인정하고 싶다. 나의 어제와 오늘 또한 더하지도 덜하지도 않은 상태로 받아들이고 싶다. 있는 그대로의 나를 내가 긍정하지 못한다면 나는 누구일 것인가?

방구석 어딘가에서 겨울을 나고 있던 파리 한 마리가 은신처에서 나와 유리창에 붙어 기고 있다. 엉금엉금, 밖으로 향하는 몸짓이 어설픈 것이 정신없이 거니는 모양새다.

어수룩한 파리의 모습에 눈길을 주고 있자니 지난날의 내 모습이 검은 등에 겹쳐 보인다. 세상을 긍정적인 시선으로 바라보지 못하는 만큼 타협하지도 않으며 살고자 했으나, 술에 의지한 채 엉거주춤한 자세로 서서 술주정으로 나날을 보내며, 세상과 맞붙어 싸우지도 못했고 짝짜꿍 타협하여 내 안일을 구하지도 못했으니, 어중이떠중이라는 말이 그럴싸하게 맞는 삶이었다. 어리둥절 헤매는 파리와 같이 꽉 막힌 공간에서 버둥거리며 살아온 지난날들이었다.

 잠시 나도 모르는 쪽잠이라도 들었던 것인지, 꿈속에서 빗소리를 듣고 있는 것만 같아 눈에 힘을 주고 앞을 보았다. 세상은 여전히 조용한 가운데 촉촉이 젖었다. 집 앞 뽕나무 가지가 어두운 빛으로 젖은 채 물방울 구슬들을 몸 아래에 매달았다. 눈은 나뭇가지 위에 쌓이건만 비는 가지의 아랫부분을 잡고 땅을 향해 매달린다. 눈이 나뭇가지를 적시지 못하는 이유다. 그런데 잠자고 있는 나무를 적셔서 어쩌자는 말인가? 눈송이처럼, 그저 아무런 생각도 없이 살짝 가지 위에 내려앉는 것이 오히려 좋은 일 아니던가? 겨울나무에겐 비보다는 눈이 맞춤하다. 그렇기는 하나 벌거벗은 가지들에 맺힌 빗방울을 바라보는 맛도 썩 괜찮으니 이렇다 저렇다 말을 한다는 것이 민망스럽다. 겨울비가 오는 날은 비가 땅으로 스며드는 소리에 귀를 기울이며 침묵해야 하는 까닭이다.

 불현듯 빗줄기가 굵어지면서 빗소리가 나를 감싼다. 깊은 세상의 문을 두드리는 소리가 들린다. 나무의 뿌리들이 금방이라도 몸을 움직여 나뭇잎을 피워낼 것만 같다. 창밖을 바라보고 있자니 내 가슴에도 차오르는 기운이 느껴진다. 땅 속 깊이 잦아드는 것들로 꽉 찬 세상에서 가라앉지 않고 떠오르는 이 기운은 어디에 있었을까?

너무 움츠리고 있었던 것은 아닌가? 인간 세상은 10년 전이나 혹은 20년 전이나 30년 전과 다름없이 뒤숭숭하고 어둡다. 학교 근처 공터 옆을 지나다 불량배들에게 걸려 집단 폭행을 당하다 의식을 잃었던 중학생 시절의 어느 날도 잠시 전의 꿈인 듯 선명하고, 군사 독재의 그늘이 짙던 시절에 군인의 불심검문 앞에서 공손하게 굴지 않았다는 이유로 파출소에 끌려가 피범벅이 됐던 시간도 내 옆에 붙어 있다. 국가를 위해 청춘을 바칠 생각이 조금이라도 있었다면 한순간이나마 포근한 마음을 가지고 살아갈 수 있었을지도 모른다. 감옥에 가기는 군대에 가기보다 더 싫었기 때문에 전투복을 입고 보낸 젊음의 날들도 바로 어제다. 민주화가 됐다고, 세상이 좋아졌다고 말하는 사람들로부터 느끼던 거리감을 좁힐 틈도 갖지 못했건만 자본의 독재가 시작됐다는 말이 들려오고 있는 시절이다. 장애물을 하나 넘으면 또 다른 장애물이 앞을 막는 장애물경기가 끝없이 이어지는 가운데, 흘러오고 흘러가는 세월이 보인다. 그 속에 내 모습도 보인다. 빗소리가 무겁다. 벗어날 수 없는 삶의 이 무거움.

군청에서 나온 봉투 하나를 건네고 비를 맞으며 가던 이장의 뒷모습에도, 집 앞 길을 지나가던 아주머니 둘의 두런두런 이야기 속에도, 학교에서 돌아온 아이의 얼굴에도, 읍내로 나가 하루 일을 마치고 돌아온 아내의 얼굴에도 겨울비의 무거움은 스며 있다. 그들 또한 나와 같이, 지금 내리는 이 비와 다를 바 없는 존재들이 아닌가?

　겨울비의 이 무거움과 어두움 속에서 봄날의 푸르름이 싹튼다고는 해도, 그 새싹들에서 맑고 밝은 빛이 번져 나와 세상을 가득 채운다고는 해도 지금은 겨울비가 내리는 날, 가만히 빗소리에 귀를 기울이며 멍청히 하루를 보낸다.

노란 개구리

흐르는 물 가운데에 있는 돌을 들추니 웅크리고 있는 개구리가 보였다. 통통한 것이 알을 간직한 암컷이었다. 붙잡아 물 밖으로 들어 올리니 배와 다리에 달라붙은 거머리 세 마리가 보인다. 노란빛을 띤 배에 혹처럼 붙은 거머리를 떼어내니 내 마음이 시원하다.

"자, 한 번 잡아봐."

이그그그, 조카는 흉측한 벌레를 대할 때처럼 얼굴에 놀라움과 공포와 호기심 등이 뒤섞인 표정을 떠올리며 엄지와 검지 두 손가락으로 개구리를 집으려 한다.

"손으로 꽉 잡아!"

개구리의 몸통을 잡고 뒷다리를 내밀며 힘주어 말했다. 내 말을 어찌하지 못하고 조카는 뒷다리를 움켜잡는다.

22살의 조카는 아직도 어린아이의 세계에 머물고 있는 듯이 보인다. 어릴 적부터 또래 아이들과 학교 선생들의, 놀림과 배척과 폭력에 길들여지면서 나이를 먹은 조카였다. 형님과 형수님도 상황을 인식하곤 있었으나, 정상이라고 보기도 어렵고 장애자라고 하기도 어려운 아이를 바라보면서 '잘되겠지' 하다 보니 세월만 흘렀단다.

"어때, 괜찮지?"

"예. 괜찮아요."

"그게 식용개구리야."

"이걸 먹는다구요? 아하, 엄마도 개구리 뒷다리가 맛있었다고 그러기는 했는데……."

"먹어 볼려?"

"아아 그건 아니구요."

조카는 왼손에 쥔 개구리를 자못 신기한 눈빛으로 바라보며 눈을 떼지 않는다.

"먹지 않으려면 그만 놔 줘라."

"……예에, 예."

조카의 손아귀에서 벗어난 개구리가 뒷다리를 힘차게 내뻗으며 물속 돌 밑으로 모습을 숨긴다. 물속에 가라앉은 낙엽이나 돌과 흡사한 개구리가 시야에서 사라지자 물 흐르는 소리가 개구리의 꿈틀거림을 보여주며 다가온다.

거머리에겐 미안하다. 개구리와 거머리 사이에 내가 끼어들 일은 없었다. 누군가의 피를 빨며 삶을 이어나가는 방식이 마음에 들지 않는 것이야 나의 시선일 뿐이다. 넓게 본다면 그렇지 않은 삶이 가능하기나 하겠는가?

조카를 억압하던 사람들은 그때마다 즐거웠을까? 누군가를 괴롭히며 기쁨을 얻는다는 것은 가능한 일일까? 쉽게 결론이 내려지지 않는 가운데서도 개구리의 등가죽을 뒤덮은 칙칙한 빛깔이 뜨거운 액체로 녹아내리며 가슴으로 파고든다.

살고자 계곡의 색으로 자신의 몸을 뒤덮은 개구리의 몸부림은 인간세계에서도 보편적인 삶의 양식이다. 병원에서 처방해준 약을 먹으며 정신을 추스르는 조카 또한 보호색으로 자신을 위장한 사람일 것이다. 보호색은 효과적일수록 바라보는 자의 슬픔을 자아낸다. 완벽한 보호색이 있을 리 없으니 그것이 슬픈 까닭이다.

"어째, 잡아보니 잡을 만하지?"

"아, 예 예."

"내일 올라간다구?"

"예. 복학을 하기로 했거든요."

조카는 원서만 넣으면 다닐 수 있는 대학에 들어가 1년을 다닌 뒤 휴학을 한 상태다. 달리 할 일도 없고 앞날에 대한 어떤 대책도 없는 상태에서 내린 조카의 결정인 만큼 존중할 수 밖에 없다고 생각하면서도, 병이 악화되지나 않을까? 하는 염려는 떠나질 않는다.

계곡을 나와 집으로 향하는 길로 접어들었다. 포근한 날이 며칠째 이어지고 있다. 앞산 너머 어딘가에 봄이 와 있다는 소리가 나무들 사이에서 들려온다.

적들의 시선을 피해 배에 간직한, 노오란 자신의 색깔을 온몸에 드러내놓고 팔짝팔짝 뛰어가는 개구리를 생각한다. 보호색을 벗고 자신이 원하는 자신만의 빛을 세상에 뿌리며 나아가는 개구리. 칙칙한 계곡에 노오란 빛의 개구리가 뛰어다니는 모습을 그려본다. 움직이는 노란 꽃송이들을 바라본다.

자신을 뒤덮은 보호색을 벗어던지며 나아가는 조카의 모습이 노란 개구리와 겹쳐지는 것을 환상이라 말하고 싶지 않다. 노랗거나 빨갛거나 하얗거나 푸르거나 검은 색이면 어떠랴. 자신이 입고 싶은 빛을 입고 햇살을 저으며 나아가던 길이라면 무엇인가에 잡혀 먹힌다 해도 슬프지는 않겠다.

흔들리다

비와 눈이 번갈아 내리더니 양지바른 둔덕에 푸릇한 기운이 돋았다. 둔덕 옆을 흐르는 도랑가에도 푸르거나 붉은 빛의 풀들이 솟았다. 아직은 겨울의 차가움이 내복 속으로 파고드는데 어쩌자고 저 여린 것들이 흙 속에서 고개를 내밀었을까? 나보다 강한 것이 저 여린 싹들임을 뻔히 알면서도 주제 넘는 의문이 스침은 왜인가? 아직도 나는 세상에 대해 버릇없는 강아지인가?

서둘러 집 앞 텃밭에 심어놓은 포도나무 가지치기에 들어갔다. 물이 오르기 전에 작업을 마치지 않으면 절단면으로 눈물을 뚝뚝 흘리는 포도나무를 바라보아야 한다. 그것이 보기 싫으니 가위를 들고 나서야 했다.

싹둑 싹둑 포도나무의 팔들을 자르는 일은 마음속에선 하고 싶지 않은 짓이다. 덩굴이 자라는 대로 놔두고 열매가 달리는 만큼 따먹고 싶은 마음이 앞선다.

작물의 입장이 되어 지금의 농사를 바라보면 잔인하기 이를 데 없는 현장이다. 과수원에선 팔을 자르고 꽃과 열매를 솎아내고 열매에 봉지를 씌우고 불쑥불쑥 농약으로 목욕을 시킨다. 많이 열리고 크게 열리고 인간의 입맛에 맞는 열매가 달리게 변형시킨다. 작업에 편하게 키도 작게 만든다. 일반 작물들의 재배도 마찬가지다. 유전자를 조작한 씨앗을 사용하는가 하면, 품을 적게 들이고 수확은 많이 얻기 위해 흙을 비닐로 덮고 가지나 덩굴이나 줄기를 자르고 줄로 묶고 지지대를 세우는 등 내버려두질 않는다. 토양 살충제로 땅속 벌레를 죽이고 제초제로 풀을 죽이고 농약으로 땅 위의 벌레와 미생물들을 죽이고 총이나 덫, 그물 그 밖의 도구들을 사용하여 새와 산짐승을 죽인 대가로 곡식을 얻는다. 돼지나 소, 닭들은 고정된 자리에서 앉았다 일어섰다 먹고 싸고 자다가 자리를 벗어나면 죽음이다.

살고 싶은 대로 살고 싶어 산으로 들어온 내가 작물에겐 폭력을 가하여 먹을 것을 얻고 있으니 참 앞뒤가 맞지 않는 짓이다. "작물은 사람의 발자국 소리를 들으며 자란다"고 하지만 그것도 지극히 사람의 관점이다. 작물 스스로 사람을 기다리고 반긴다는 얘기와는 거리가 있다. 경쟁상대인 풀을 제거해주고 퇴비를 주는 등 작물이 좋아할 만한 일을 해주기도 하나 작물의 허락을 받고 작물이 원하는 소리를 들어서 하는 일이 아니다. 농부 자신의 이익을 위해서 일방적으로 그렇게 하는 것이다.

거짓된 인간이 되기 위해 노력하지는 말자며, 작물들을 위한다는 몸짓만은 하지 않으며 살아가고 있으나 농사짓는 방법까진 나도 고치지 못하고 있다. 나와 가족이 먹는 먹거리인 만큼 될 수 있으면 농약을 치지 않고 손으로 벌레를 잡아주며 농사를 짓긴 한다. (병이 돌면 딸 것이 없는 고추만은 예외로 약을 쳐서 수확을 하고 있다.) 갈지도 않고 김도 매지 않으며 농사를 짓는 천하태평한 농법도 있다고 하지만 높고도 높은 하늘의 얘기로만 들린다.

농사짓기가 점점 싫어진다. 인위적인 폭력과 반복적인 일의 특성이 농사로부터 자꾸만 멀어지게 한다. 자연의 순리를 따르는 천직으로서의 농부는, 인위적인 요소가 지금처럼 과도하게 개입되지 않았던 농경사회 시절의 관념일 터이다.

자연스럽지도 순리적이지도 않지만 버리거나 무시하거나 중요성을 깎아내릴 수도 없는 농사라는 일. 사람의 숙명 중에 이만한 것도 없다. 사람은 먹어야 하고 지금의 사회구조와 인구수는 수렵과 채취로 유지될 순 없으니, 인위적인 농사법을 사용한 농사는 필연이다.

  인위를 멀리하고 자연을 가까이 하는 자급자족의 삶을 지향해온 지난 10여 년의 삶의 형태에 대한 집착에서도 이제 벗어날 때가 되었나? 세상이 흘러가는 대로 내 마음이 움직이는 대로 나를 놓아주어야 하는가? 전지가위를 들고 서녘 하늘을 바라보니 해 떨어진 곳에 노을이 붉다. '이놈, 아직도 누군가 네 목구멍에 먹을 걸 넣어주길 바라느냐!' 들려오는 소리가 내 가슴조차 붉게 물들인다.

쥐와 나 사이엔 덫이 있다

돌 틈에서 나온 아기 손만 한 쥐 한 마리가 개밥그릇으로 달려가 앞발을 가장자리에 올려놓으며 까치발을 딛고 서서 안을 본다. 돌 틈에서 나오자마자 그릇으로 거침없이 달려가는 모습을 보니 처음이 아니다. 개밥을 준다는 것이 쥐밥을 주게 되는 결과가 됨을 안 지도 몇 년 되었다. 개밥이 그릇에 남아있는 걸 보면 뚜껑을 덮어놓고는 했으나 이즈음은 보고도 그냥 놔둘 때가 많아졌다.

'에이, 없잖아!'

빈 그릇임을 확인한 쥐는 일으킨 몸을 다시 누이며 오던 길로 지체 없이 되돌아가 나왔던 돌 틈으로 모습을 감춘다.

'그 놈 참 잽싸기도 하다.'

잠깐 동안 시야에 들어왔다가 사라진 쥐의 모습이 뇌리를 떠나지 않는다. 배가 고팠을까? 쥐의 입장에서는 모험이었을 것이다. 그런데 나는 왜 은근히 웃음이 나올까?

내가 아내와 아들과 함께 사는 집은 산 중턱에 띄엄띄엄 흩어져 있는 열 집 중 하나다. 마을 사람들 얘기를 모아보면 최소한 50~60년은 넘은 집이다. 100년은 됐을 거라는 사람도 있다. 도끼로 나무를 다듬어 지었다고 해서 '도끼목수가 지은 집'이라 한다. 기초가 흙과 돌로 된 집이어서 쥐가 구멍을 파고 살기가 좋은 환경이다. 동쪽은 숲과 이어졌고 나머지 부분은 밭으로 둘러싸여 있어서 쥐들이 먹을거리를 얻기도 좋다. 집안에 양식까지 쌓여 있으니 쥐의 서식처로는 더할 나위가 없다.

주거지와 먹을거리가 겹치는, 사람과 쥐 사이가 좋을 수는 없는 일이다. 엄지손가락만 한 땃쥐부터 팔뚝만 한 집쥐까지, 이 집에서 내 손에 죽어간 쥐들이 몇 마리나 될까? 수십 마리? 수백 마리? …… 어림잡아도 100마리는 넘을 것 같다.

천장 위가 그들의 놀이터 겸 화장실 겸 짝짓기 터이기도 하여 밤잠을 설치기 예사인 날들이 이어졌었다. 쥐들을 없애야겠다고 마음먹은 때가 언제였더라? 비어있던 집을 방 하나만 손을 봐서 들어온 때가 1998년이었으니, 그 해 겨울을 보내면서였을 것이다. 처음엔 좀약을 지붕아래 공간에 던져 넣어, 냄

새에 예민하다고 하는 쥐들을 쫓아내는 방법을 썼다. 그 해는 그렇게 넘어갔다. 그러나 다음 해, 다시 천장 위를 오가는 쥐들에겐 통하지 않았다. 끈끈이 덫을 사다가 처마 밑과 마루 밑 곳곳에 놓았다. 가운뎃손가락 크기 정도의 산쥐들은 잘 잡혔지만 집쥐들은 끈끈이가 발라진 종이 자체를 먹어치우고 도망쳤다. 쥐약을 사서 놓았다. 효과는 좋았으나 개가 죽은 쥐를 물고 다니고 구더기가 천장을 뚫고 방바닥으로 떨어지는 일이 있고부터는 쓰지 않았다. 시장에 가니 덫이 있었다. 바가지 크기의 덫 하나를 사다가 놓으니 잘 잡혔다. 그래 몇 개를 더 사다가 놓을 요량으로 다음 오일장에 가서 덫을 찾으니, 그건 불법이어서 더는 팔 수가 없다 했다. 대신 손바닥만 한 덫을 세 개 사왔다. 번번이 미끼만 따먹혔다. 철물점에서 상자형태의 덫을 사와 설치했다. 쓸 만했다. 어디로 들어오는지도 모르게 부엌으로 들어오는 작디작은 땃쥐를 잡기 위해, 싱크대 밑엔 항상 끈끈이를 펼쳐놓았다. 비로소 쥐의 집에서 사람의 집이 된 듯 했다.

아침부터 흐릿하던 하늘에서 봄을 재촉하는 촉촉한 함박눈이 내리기 시작한다. 쥐가 들어간 돌 틈 입구에도 개밥그릇 속에도, 그 사이에서 막 빼꼼히 고개를 내민 원추리 싹 위에도 함박눈이 내린다. 땅에 닿자마자 녹으며 땅의 색깔을 진하게 드러내면서 하염없이 내린다.

쥐를 죽이고 싶어 죽이는 사람도 있을까? 나는 집만큼은 사람이 살기 좋은 장소로 만들고 싶다. 쥐를 잡는 것은 내가 원하는 바를 얻기 위해서다. 쥐들 또한 자기들이 살고 싶은 곳에서 살고자 하는 대로 살 권리가 있다. 사람은 쥐를 잡기도 하지만 한편으론 천적들을 막아주는 역할도 한다. 그런 이유로 이 집이 그들에게는 어느 곳보다 풍요롭고 안락한 공간인지도 모른다. 어찌됐든 잡고 잡히는 관계 속에서 나와 쥐들은 살아간다. 연민도 미움도 끼어들 틈은 없다.

돌 틈으로 사라진 쥐가 덫에 걸리지 않고 잘 살아가길 바란다. 그렇다고 해도 나는 덫을 놓는 일을 그만두진 않을 것이다. 쥐는 잘 피하면서 살아야 하고 나는 잘 잡으면서 살아야 한다.

새의 집

'파다다닥.'
 새의 화급한 날갯짓 소리가 머리 위에서 들려온다. 멈칫, 소나무 아래로 들어가던 발을 멈춘다. 소나무 잎이 촘촘하게 모여 만든 지붕 아래, 잔가지들이 빽빽하게 얽힌 곳에서 들려온 소리였다. 하루 일을 마치며 밤을 보낼 자리를 잡고 휴식에 들어간 (어둠 속에서 해야 할 일을 시작한 것인지도 모른다.) 새가 날개를 접을 때의 마음을 송두리째 털어내는 울림이었다.

손을 뻗어도 닿지 않는 높이의 가지였지만 신변의 위험을 느낀 새의 본능이 날개를 퍼덕여 더 높은 곳으로 자리를 옮기게 만들었을 것이다. 의식하고 판단하여 행동에 옮긴다면 늦다. 목숨은 본능적 감각이 의식 이전에 개입하여 행동을 하게 함으로써 지켜낸다. 목숨은 본능의 영역이다. 그렇기에 목숨 앞에서 몸을 사리고, 두려움에 떨며, 살기 위해 모든 힘을 기울이는 동물들의 모습은 지극히 자연스럽다.

'새가 겁도 많다'고 얘기하려니 나 또한 가슴 한쪽이 철렁 내려앉으며 발을 멈추게 되었음을 보게 된다. 오랜 세월 동안 축적된 본능이 의식보다 먼저 나를 제어했다. 새가 겁쟁이라면 나도 겁쟁이다.

내 발자국 소리에 놀란 새가 위로 오르는 것을 보니 새는 역시 하늘과 가까운 모양이다. 나는 날개가 없어 하늘로 올라갈 길이 없으니 일단 멈추어 상황을 파악할 수밖에.

산그늘이 길게 드리운 저녁. 밤은 발 앞까지 다가왔다. 오늘의 집으로 새가 선택한 소나무는 잔가지들이 촘촘하게 엮여져 작은 새들이 하룻밤을 보내기 위해 곧잘 찾아드는 곳이다. 그런 걸 뻔히 알면서도 화들짝 도망가는 새의 소리를 접할 때마다 나는 덩달아 놀라곤 한다.

땅보다 하늘이 가까운 새들은 고정된 집이 없다. 몸을 가볍게 하기 위해, 집을 가지려는 마음조차 없앤 듯하다. 알을 낳고 새끼를 기르는 번식기에 둥지를 만들긴 하지만 시기가 지나면 미련 없이 집을 떠난다. 고정된 집을 버렸다 하여 세상 전체가 그들의 집은 아니다. 잠자리가 될 만한 장소는 새들에게도 널려있는 것이 아니어서 매일매일 안전하게 밤을 보낼

만한 공간, 하룻밤 동안의 집을 찾아서 밤을 보낸다.

새에겐 새의 집이 있고 사람에겐 사람의 집이 있다. 서로 다른 대상을 비교하여 좋고 나쁨을 얘기할 순 없다고 해도, 인간의 집들이 가면 갈수록 크고 복잡하고 단단해져, 하늘을 찌르고 땅을 누르며 사람 자신의 마음을 가두고 있는 것은 아닌가? 하는 의문을 떨쳐내긴 어렵다.

사람은 대개 평생 동안 집 한 채를 짓거나 돈을 주고 산다. 이곳 사람들도 자신이 마련한 돈으로 느지막이 집 한 채 새로 짓고 남은 인생을 살다가 죽는다. 아이들 다 키워서 시집 장가까지 보낸 뒤 모은 돈으로 집을 한 채 짓고 나면 환갑을 훌쩍 넘겨 일흔을 바라보는 나이가 되니, 자신이 지은 집에서 사는 기간은 그리 길지 않은 시간이다.

오늘처럼 눈이 소나무를 뒤덮은 날엔 새들도 지붕이 온전하게 만들어진 집에서 밤을 보낸다. 돈 한 푼 들이지 않고, 집을 짓는 품도 들이지 않고, 하얀 지붕을 얹은 나무집을 갖게 된다.

산 아래 마을의 등불이 점점 환하게 빛을 발하는 것을 보고 있자니, 문득 집의 따사로운 기운이 번져온다. 집을 밝히는 빛이 따사롭게 다가온다는 것은 내 스스로 그런 집을 원하고 있다는 의미다. 또 내 속마음이 내게 본모습을 들켰다.

밀려드는 어둠과 추위를 맞을 준비를 마치고 나뭇잎과 가지로 만들어진 집에 몸을 맡긴 채 밤을 맞이하는 새와 같은 자세를 갖추지 못한다면, 따스한 사람의 집은 영영 내 마음 속 깊은 곳에서 구체적인 모습을 내보이지 않을 것이다.

  산 위에서 불어오는 바람이 꺾일 줄 모르고 다가온다. 나는 집을 향해 발걸음을 쉽게 옮기지 못하며, 빠르게 내려앉는 어둠을 바라보았다.

닭이 살던 자리

'<u>끄</u> <u>끄드ㄱㄱㄱ</u>'라고 해야 할까? '크아<u>끄끄</u>커어억'이라고 해야 할까?

기분 나쁜, 무슨 일인가 당하는 듯한 소리가 들려오긴 했었다. '또 뭐가 왔나?' 싶었으나 '뭐 별일 아니겠지' 생각하며 살피지 않았다. 문만 열면 보이거나 집 뒤에 붙어있는 것도 아니었다. 울음소리도 그렇고 냄새도 그렇고, 아무래도 좀 떨어져 있는 게 좋을 듯해서 집에서 산 위쪽으로 집 한 채 들어설 만한 거리를 두고 닭장을 지었다. 닭들이 급박하게 울부짖을 때마다 달려가던 짓도 10년이 넘다 보니 꾀가 나서, 아무렇지도 않게 넘기는 일이 드물지 않았다. 이즈음 몇 번인가, 요란한 울음소리에 달려갔다가 허탕을 친 일도 새벽의 작은 소란을 무심히 넘기는 데 한몫 했다.

꽁지에 불이 붙었던 이전에 비하면 작은 소리였다. 사소한 떨림에 휩싸이다 보면 정신만 어지러울 뿐이라고 내 스스로를 타박하기까지 했다. 그래도 느낌만은 좋지 않았다. 시퍼런 빛이 새벽 공기를 가르며 스쳐가는 모습을 본 것만 같았다.

윗집에서 풀어놓은 진돗개가 망을 뚫고 들어가 서너 마리의 닭을 물어 죽인 일이 발생한 지도 2년의 세월이 흘렀고, 살쾡이가 침입해 닭을 채간 것도 3~4년 전이었다. 그때마다 닭장을 보수했으나 그 뒤로 이렇다 할 사건이 없는 동안, 둘러친 망이 삭고 나무에 못을 박아 만든 틀이 썩은, 닭장의 모습은 외면하고 있었다.

점심 무렵, 늦은 잠에서 깨어 아침을 먹고 모이를 주기 위해 집 뒤로 돌아서 산비탈을 타고 닭장 앞으로 올라갔다. 나를 보고 출입구 앞으로 달려오던 닭들이 보이지 않았다. 이게 또 뭔 일인가? 닭의 깃털이 땅바닥에 널려있는 모습이 눈에 들어왔을 때만 해도 '한 마리 정도 뭔가에 희생됐구나!' 하고 생각했다. 몰살이라니!

눈앞의 모습을 현실로 인정하기 위해 닭장 안으로 들어가 구석구석을 천천히 살폈다. 닭들이 횃대에 앉아 자는 곳도 비어 있었다. 횃대 한쪽이 바닥으로 떨어져 사선으로 누워 있었고 그 밑엔 닭털이 깔렸다. 지붕을 이어 붙여, 비 오는 날이나 눈이 덮인 겨울에 쉴 수 있게 만든 곳에도 깃털만 수북하게 깔렸다. 깃털 사이에 거무튀튀한 것이 있어 살펴보니 잘린 발이었다. 한 뼘 정도 떨어진 곳에 하나의 발이 더 있었다. 철망 가까이에선 모이주머니와 염통이 붉은 빛으로 햇살을 받아들이는 모습도 눈에 들어왔다. 지붕이 없이 나일론 망으로 덮어씌운 닭의 놀이터 한쪽, 산란장이 놓인 곳에는 닭의 날개 네 개가 깃털과 뒤엉킨 채 너부러져 있었다. 침입자가 퍼질러 앉아 식사를 한 흔적이 분명했다. 모가지가 붙은 채 구석에 처박힌 대가리도 하나 보였다.

어딘가에 머리를 처박고 있는 놈 한 마리 정도는 있겠지. 다시 한 번 닭장 안을 살폈으나 한없이 자유로운 깃털들이 어우러진 모습에 어지러울 뿐이었다. 닭이 있던 자리에 서서 사라진 닭을 보고자 하니 세상이 텅 빈 상태로 다가왔다.

이사 온 첫 해, 이웃 아주머니가 기르라며 준 닭 한 쌍의 명맥이 십삼 년째 이어지고 있었다. 해마다 어미의 품에서 눈을 뜬 병아리들이 닭장 틈 어딘가로 침입한 족제비나 구렁이에게 잡아먹히면서도 몇 마리씩은 살아남아, 원하는 사람에게 주거나 손님상에 올리는 와중에서도 대여섯 마리의 숫자가 유지되고 있었다.

새벽의 소리가 한낮의 닭장 안, 닭털이 깔린 땅 위에 찬란한 햇살로 반짝였다. 철망을 뚫고 침입한 검은 물체의 습격. 살려

줘 살려줘 파다다닥 뛰고 날고 처박히고, 날개야 부러져라 날아도 날아갈 곳 없는 갇힌 세상. 콱, 물리고, 크으으으, 몸속으로 박히는 이빨, 삶의 마지막 속으로 파고드는 새벽의 어스름. 두려워라 아프지도 않은 닭의 몸부림. 그때 닭들이 본 세상은 얼마나 어두웠을 것인가? 얼마나 넓게 텅 빈 세상이었을 것인가?

닭이 불쌍하다고 생각하진 않는다. 다만, 닭의 죽음이 나의 삶과 상관없는 일처럼 느껴지지 않으니 그것이 씁쓸하다.

저녁 무렵부터 다시 봄눈이 내린다. 앞산도 옆산도 보이지 않게 공간을 가득 채우며 눈이 내린다. 한때 닭이 살던 자리도 덮으며, 그들이 차지했던 공간도 메우며 눈이 내린다.

자연의 눈

    산불감시초소가 있는 산정엔 '산불조심' 깃발이 바람에 휘날리고 있었다. 감시초소 앞뒤로 두 개, 산 아래에서 볼 때 초소 앞에 또 한 개, 세 개의 깃발이 삼각형을 이루어 멈춤 없이 휘날리고 있었다. 붉은 깃발이 퍼덕이는 소리가 산정을 흔드는, 초소 앞에 서서 보니 옥동천 상류지역이 펼쳐졌다. 꾸물꾸물 기어가는 강줄기 따라 강변에 자리 잡은, 논밭과 사람의 집이 옹기종기 모여 앉은 모습이 학교 운동장에서 노는 아이들 같다.

    "면사무소에서 귀찮게 굴진 않냐?"

    "일주일에 한 번 일지 검사를 받으러 가는 거 빼곤 별다른 일은 없어."

다행이다. 자라나는 자식 둘만 아니라면 산불 감시원으로 나서진 않았을 사람이다. 산골짜기에 박혀 살면서 세상 흐름과는 거의 무관하게, 자신이 하고 싶은 짓만 하며 살아온 사람이라고 해도 틀린 말은 아닐 성싶다.

나이 오십이 말해주는 것인지, 상연이도 이젠 늙어가는 티가 얼굴에 묻어 있다. 잔주름이 드러나고 푸석푸석해진 얼굴을 보고 있으니, 윤기가 흐르고 탱탱하던 2~3년 전의 얼굴이 떠오르질 않는다.

자리에서 일어나 뒤편을 바라보니 단양으로 내려가는 남한강 줄기가 제법 품을 널따랗게 열며 흐르는 '맛밭'이란 곳이 보인다. 정선에서 내려온 떼꾼들이 뗏목을 멈추고 술 한 잔 마시며 쉬어가던 곳이라고 하나, 그날의 정경은 내가 선 곳과 맛밭 사이의 거리만큼이나 손에 잡히질 않는다. 그곳에서 가까운 작은 골짜기 속에 상연이의 집은 있다. 그러고 보니 내 집과 상연이의 집 중간쯤에 산불감시초소가 서 있는 셈이다. 내집도 산에 가려 보이지 않긴 마찬가지이니 제대로 중간 지역에 있는 모양새다.

상연이가 차를 타주겠다며 플라스틱 물병을 들고 감시초소로 올라간다. 사람 키만큼의 높이로 쇠기둥을 네 개 세운 뒤그 위에 육각형의 집을 올렸다. 따라 올라가 보니 사람 하나웅크리고 누울 정도의 크기다. 사방으로 유리창이 나있어 의

자의 방향만 돌리면 보고 싶은 곳을 살펴볼 수 있었다. 지금은 휴대폰이 있어 사용하지 않는다는 무전기가 한 쪽에 놓여있고 책도 몇 권 쌓여있다. 때가 잔뜩 낀 가스레인지와 재떨이도 보였다.

초소 안에 들어서니 바람 하나 막아줄 뿐인데도 안온한 느낌이 번져온다. 내가 있을 곳이 아니기 때문이었을까? 안에서 밖을 보니 나가고 싶다.

커피가 담긴 잔을 들고 초소에서 내려와, 앉아있던 자리에 다시 앉았다. 한 달 전쯤에 샀다는 라디오에선 남녀의 수다스런 이야기들이 멈추지 않고 흘러나와 바람소리에 섞여 날아간다. 라디오 옆의 망원경이 흩어지는 라디오의 말들을 바라보기라도 하는지 덩그러니 맞은 편 산을 향해 눈길을 주고 있다.

"몇 시까지지?"

"어, 이제 다 됐어. 다섯 시에 같이 내려가자."

도시락 가방을 챙기는 (15년 남짓, 가깝게 지내면서도 볼 수 없었던 모습이다.) 상연이를 바라보면서 나는 산 아래 강변 마을을 다신 못 볼 것처럼 바라보았다. 언뜻, 평화롭고 포근하게 보였다. 다닥다닥 붙은 저 집과 집 사이의 간격이 얼마나 먼 거리인가를 그만 잊으라고 말하고 있었다. 비록 잠시일지라도 인간의 시선을 내려놓고 나무나 구름 혹은 바람의 시선으로 보고 싶은 마음이 일렁였다.

한 시도 멈추지 않는 전쟁과 이웃들 간의 다툼으로 피비린 내가 깔린 인간세상도 자연의 눈으로 본다면 끔찍이 아름다운 세상이다. 칙칙한 세상을 하얗고 노랗고 붉게 물들이며 꽃이 피듯이, 피와 살이 튀는 이 세상의 아귀다툼이야말로 인간들이 이 지구상에 혹은 우주에 끝없이 던지는 꽃송이들이 아니고 무엇이겠는가? 병들고 늙고 죽음도 이 세상을 가득 채운 꽃송이들 중 하나임을 부정하고 싶지가 않다.

우산

점심 무렵, 하늘에 어둠이 번져 무거워지더니 비가 내린다.

"비가 계속 내리면 현준이 올 때 우산 좀 갖다 줘요."

돈 벌러 나가던 아내가 중학교 1학년에 재학 중인 아들의 귀가를 염려한다.

"걱정하지 말고 잘 갔다 와요."

현준이가 타고 들어오는 버스는 6시 30분경에 정류장에 도착한다. (버스는 아침과 점심 그리고 저녁시간에 맞춰 들어와 산 너머 마을에서 되돌아 나간다.) 정류장까지는 10분 정도 걸어 나가야 한다. 그 시간 동안에 아들이 비에 젖을 걸 염려하며 일터로 나가는 아내의 마음을 모른 척하고 넘어갈 정도로 나는 간이 크지 못하다.

비는 그치지 않았다. 집 앞을 가로지르는 전깃줄에 앉아 비를 맞으며 산 아래를 바라보는 산비둘기가 창밖을 바라보던 내 시선을 잡았다. 죽죽, 위에서 아래로 흔들림 없이 내리는 비를 맞으며 산비둘기도 움직임 없이 앉아있었다. 등을 보이고 앉은 새의, 앞모습이 보이지 않았다.

고개도 돌리지 않고 날개도 퍼덕이지 않고 울지도 않고 가만히 앉아 있는 새의 뒷모습은, 고개를 돌렸다 다시 보아도 눈물을 닮았다. 웃음이나 분노로 일그러진 모습이 떠오르진 않았다. 산비둘기의 등을 적시며 비는 끊임없이 내렸다. 온몸으로 눈물을 흘리는 새가 눈앞에 있었다.

6시 20분이 가까워오자 나는 한손으론 우산을 받쳐 쓰고 다른 손으론 아들에게 줄 우산을 든 채 정류장을 향해 산길을 걸었다. 시멘트 포장길은 비를 맞아 반질반질 윤이 흘렀다. 며칠 간격으로 이어지며 내린 비에 불어난 골짜기 물이 내 몸 정도는 너끈히 휘감고 갈 수 있다며 묵직한 힘으로 산 아래를 향해 달린다. 골짜기를 가로지른 다리를 건너 산등성이에 올라 정류장 비가림막 아래에 서니, 하루 내내 느끼지 못했던 차가움이 바람을 따라 다가와 몸 속 어딘가로 파고들었으나 막을 방법도 그럴 생각도 떠오르지 않았다.

집을 나설 때는 몸을 적실 정도이던 빗줄기가 정류장에 가까이 갈수록 약해지는가 싶더니 우산을 쓰지 않아도 별 상관이 없게끔 빗발이 성겨지면서 가늘어졌다. 버스가 다가와 섰을 때는 버스 문 앞으로 다가갈 필요도 느끼지 못할 만큼 빗줄기는 약해져 있었다.

버스에서 내린 아들이 나를 보고 다가왔다. 나는 말없이 우산을 건네주었다. 아들은 희미한 웃음을 머금으며 우산을 받아 머리 위로 올려 활짝 펼쳤다. 그 순간, 한 아이의 모습이 어스름처럼 다가왔다. 우리 집에서도 10분 정도 더 걸어가야 하는 외딴 집에서 할머니와 함께 사는 아이였다.

아이는 내 얼굴을 흘깃 훔쳐보고는 서둘러 앞서서 걸었다. 아이의 뒷모습에서 배어나오는 검은 그림자가 길게 내 앞에 드리워졌다. 아이와의 거리는 점점 벌어졌으나 그림자는 사라지지 않고 아이와 나 사이에서 어른거렸다.

내 우산이라도 건네줄까? 나는 아들과 함께 쓰면 되지 않겠는가?

비가 억수로 쏟아진다면 그렇게 했을 것이다. 누구에게 우산을 건네기도 민망스런 비였다. 문제는 우산도 아니었다. 내가 아들의 우산을 들고 나와 기다렸다가 건네준, 그 행위가 문제였다. 부모와 함께 하지 않는 삶 속에서의 아이에게 내 행위는 폭력이었다. 비가 오는 날, 정류장에서 우산을 든 누군가가 기다려주는 아이와 그렇지 못한 아이가 있다면, 그렇지 못한 아이가 마음에 상처를 입는 것은 피할 수 없다.

정류장에 나가지 말아야 했을까? 아들이 비를 맞도록 놔두어야 했을까? 아니면 아이의 우산까지 챙겨서 갖고 나가야 했을까?

아들과 함께 저무는 산길을 걸어 집으로 오는 길엔, 보이지 않게 밀려오는 어둠보다 우산이 더 무거웠다. '아들을 마중 나갈 시간이 됐는가?' 시계를 보는 사이에 눈앞에서 사라진 산비둘기의 모습이, 앞서 걸어가는 아이의 뒷모습과 자꾸만 겹쳐보였다.

부르는 소리

생강나무꽃은 피었지만 숲을 가득 채운 나무들은 아직 겨울의 차가움에서 놓여나지 못한 채 의심을 풀지 않았다. 숲의 전령인 듯, 키 큰 나무들이 없는 곳에서 조팝나무 이파리들이 살짝 귀를 내밀고 봄의 소식을 듣는다.

달도 없는 밤이다.

휘이- 휘이- 휘이-.

4월로 접어들면서 들려오기 시작한 울음소리가 늦도록 불이 켜진 내 방으로 오늘도 어김없이 스며든다. 어둠 속에서 어둠을 향해 울어대는 저 끊어질 듯 끊어지지 않는 소리. 얼음의 기운을 간직한 채 웅크린, 움직이지 않는 밤의 한가운데를 찌르는 소리다.

저 깊은 곳 어디, 땅 속 세상의 소리다. 저 멀리, 은하수 건너, 보이지 않는 별의 소리다. 핏빛의 소리. 잠이 들지 못하는 내 가슴 속으로 '스윽 슥' 스며든다. 밤 짐승들의 울음소리로 찢어지던 밤이 홀연히 찾아온 새의 울음소리로 붉게 물들고 있다.

아무래도 무엇인가를 부르는 소리다. 가슴 속 깊이 간직한 어떤 대상을, 꼭 찾아야 할 누군가를 부르는 소리. 보고 싶어, 부르기라도 하지 않고는 견딜 수 없는 몸부림. 그것이 아니라면 이토록 뜨겁게, 어둠조차 녹이지는 못할 것이다. 적을 두려워하지 않고 자신을 드러내는 소리. 그만큼 절실한 소리다. 어둠도 밤의 사냥꾼들도, 저 소리를 어찌할 것인가?

휘이- 휘이- 휘이-.

잡지도 못하고 외면하지도 못할 슬픔이다. 흐르던 피가 막혀 '푹' 쓰러질지언정 어찌 대답할 수 있을까? 다가갈 수 있을까?

사라진 사람들이 돌아온다.

홀로 살던 집에 사람들이 모여 노는 일이 많아 '회관 할머니'라 불리던 노인이 온다. 오토바이 사고로 방에 누워서, 어머니가 넣어주는 밥을 대여섯 마리의 고양이와 함께 나누어 먹으며 살아가던 남자도 온다. 그가 죽자 딸네로 떠난 할머니도 온다. 그의 방에서 나가 흩어진 고양이들도 사람이 되어 온다. 기역자로 굽은 허리로 살다가 죽어서야 펴고 누운 할머니도 온다. 할머니를 묻고 술로 살다가 평창 어디 굴 안에서 죽었다는 노인도 온다. 마을에서 가장 높은 곳에 살아서인지, 아흔네 살까지 살았던 할아버지도 절뚝절뚝 천천히 걸어서 온다.

내가 이곳 산마을로 들어오던 때, 노인이었던 사람들은 한 사람도 마을에 남지 않았다. 그들이 어디로 갔는지 나는 모른다. 초중등 학교에 다니던 아이들도 자라서 어딘가로 갔다. 그들이 어디서 무엇을 하는지도 나는 모른다.

회관 할머니가 살던 집은 헐려 평평한 땅이 되었고 허리 굽은 할머니가 빌려 살던 집엔 예비역 군인이 들어왔다. 고양이들이 지키던 집은 반쯤 허물어져 이미 사람의 집이 아니다. 마을 꼭대기의 할아버지 집엔 회사에서 정년퇴직을 한 아들이 아내와 함께 들어와 자리를 잡았다. 언뜻 마주치면 인사를 꾸벅 하고 싶은 아들이다. 죽은 할아버지가 아들의 모습으로 살아있다는 것이 아득한 느낌으로 다가온다.

산 너머 바다 건너 남쪽에서 날아온 호랑지빠귀라 했던가? 휘이- 휘이-, 잠도 자지 않고 부른다. 나의 잠을 깨우며 부른다. 어둠이 깊을수록 더욱 붉은 울음소리로 부른다. 그리운 이들을 부른다. 만나야 할 누군가를 부른다. 마땅히 와야 할 무엇인가를 부른다.

누군가의 이름을 부르고 부르다 맞은 아침에, 그리던 얼굴이 운무의 심연 속에서 '쓰윽' 모습을 드러낸다면, 밤새는 어쩔 것인가? 날개가 굳어 나무 밑으로 툭 떨어질 것인가? 멀뚱히 바라보며 정신을 잃을 것인가? 뜬 눈을 감지 못한 채, 그대로 나무가 될 것인가?

새벽도 멀지 않았다. 호랑지빠귀야! 이제 울지 마라. 부르던 이가 오지 않아도 울지 마라. 부르고 또 불러도 오지 않는 이는, 이승보다 저승이 좋은 이들일 것이니.

봄이 왔다

4월 어느 날,
하루 동안에 다가온
봄의 모습 하나 둘 셋

하나.

"**안**녕하세요! 저기 위에 사는데요. 아시죠? 기억나세요?"

기도원 처녀다. 3년째던가? 4년째던가? 아니, 더 됐지. 5년? 모르겠다. 하긴 알 필요도 없지. 기도원에 맡겨진 지 몇 년이나 됐는가를 알아서 무엇 할까?

겨울이 오면서 끊겼던 처녀의 외침이 다시 시작된 건 4월 중순에 접어들면서부터였다.

"주민 여러분 저예요. 상주에서 왔어요. 다 잘들 계시죠? 여러분, 저 상주에서 왔는데요. 아빠가 곧 오신다고 그랬어요."

내 집에선 보이지도 않는 산 윗부분, 산정 가까운 곳에서 띄엄띄엄 떨어진 집들을 향해 외치던 그녀가 오늘은 등성이를 타고 내 집 앞까지 내려와 인사를 한다.

"예에……."

나는 쓱 한 번 뒤돌아보며 답을 하는 것으로 그녀와의 만남을 맺는다. 더 이상의 대화는 의미가 없다. 떠들거나 말거나 봄바람으로 받아들이며 하던 일을 이어나간다.

둘.

세 사람이 한 손엔 자루를 들고, 다른 손엔 약초괭이를 들고 밭을 돌아다니며 뭣인가를 캐어 자루에 담는다. 윗집 포도밭을 훑고 내려오더니 우리 집 밭을 이리저리 돌아다니며 작업을 계속한다.

"뭐 캐는 겁니까?"

그 중 한 사람에게 말을 건넸다.

"민들레요."

"약으로 쓰시게요?"

남자는 대답은 하지 않고 일행과 함께 괭이로 쿡 쿡 땅을 찍는다.

"띄엄띄엄 캐야 걔들도 번식을 할 수 있을 텐데요?"

"예에, 작은 건 안 캐요."

이제 우리 밭에선 그만 캐고 다른 곳으로 가보라는 의미로 말을 했지만 사람들은 개의치 않고 밭을 마구 밟으며 돌아다닌다.

매년 날이 따뜻해지기 무섭게 두세 무리의 사람들이 나물을 캐러 온다. 그들은 주인이 있거나 없거나, 집 주위건 떨어진 밭이건 상관하지 않고 돌아다닌다. 정작 마을 주민들은 남의 밭 출입을 좀체 하지 않는다. 어쩌다 들어갈 일이 있으면 사전에 얘기를 하고 들어간다. 그러나 외지에서 온 사람들은 땅 주인의 양해를 구하는 일이 없다. 일을 하는 밭에까지 들어와 나물을 캐는 사람들도 있다. 내가 먹을 나물조차 그들이 두 번 정도만 쓸고 가면 남아나질 않는다.

어떤 이는 도랑가에 만들어 놓은 미나리꽝에서 미나리를 뜯어가기도 했다. 두릅 밭의 두릅을 따가는 사람도 있었다. '다 자란 걸 왜 안 따느냐'는 것이 두릅을 따던 사람의 입에서 나온 말이다. 이래저래, 나물을 구하러 오는 사람들이 싫다.

한번은 나가달라고 요구하기도 했다. 여긴 우리 집 땅이고 나물도 우리 집에서 기르는 것이라고 했다. 사람들은 얼굴을 찌푸리고 눈을 흘기며 갔다. 가슴 한구석이 툭 내려앉았다. 가볍게 봄나들이 나왔을 수도 있지 않을까? 나물도 나누어 먹지 못하는 놈이 되고 말았는가? 땅이 누구의 소유물이 될 수 있을까? 의문이 꼬리를 이으며 다가왔다.

누가 어떻게 하든 놔두자고 마음먹었으나 오늘도 한 마디 하고 말았다. 씨를 퍼뜨릴 민들레마저 남김없이 캐가는 사람들이 영 보기 싫었다. 요 몇 년 새, 민들레를 고추장에 무쳐먹는 맛을 들였던 탓도 컸다.

어찌 됐든 가까이 다가온 사람들에게 투덜대는 걸 보니 내게도 봄이 오긴 온 모양이다. 우리 밭을 벗어나 옆집 밭으로 넘어가는 사람들의 뒷모습에도 봄은 붙었다. 더 오래 더 건강하게 살고픈 마음보다 푸르른 봄이 어디 있을까?

셋.

어둠이 내릴 무렵이 되자 빗방울이 떨어진다. 방안에 들어와 빗소리에 귀를 기울인다. 위에서 아래로, 내려오는 소리가 아니다. 싹이 돋는 듯이 비가 내린다. 아래서 위로, 솟아나는 소리다.

고개 숙인 꽃

어디에 있었을까? 막 피어나다 눈을 맞은 뒤 우뚝 멈춘 채 있는 금낭화 꽃망울 사이로 하얀 나비 한 마리가 날아다닌다. 며칠 전 꽃망울 위로 내리던 눈송이를 꼭 닮았다. 설마, 눈인 줄 알고, 꽃잎을 펼치려던 생각을 아예 버리려 하진 않겠지…….

어제 오늘, 봄날의 햇살은 환해서 드러나지 않던 모든 것들이 '확' 눈에 띈다. 나뭇등걸이나 뿌리나 바위 속의 비밀도 보이는 것 같다. 만물의 몸 속 깊이 간직했던 사연들이 일시에 적나라하게 풀어헤쳐져 눈앞에 펼쳐졌다. 하얗고 노랗고 붉은 꽃이나 푸른 잎이 어떻게 몸을 웅크리고 있었는지를 말하고 있다.

발길이 뜸했던 숲속 길로 걸음을 옮겼다. 겨울에도 일주일에 한 번 정도는 걷던 길이었으나 요즘은 한 달 넘게 가지 않았다. 4월 초에 심던 감자를 말경에 심었으니 뭔가 바쁘긴 바빴는데 무엇 때문에 바빴는지는 손에 잡히지 않는다.

5월로 접어들었건만 숲은 봄이기보다는 겨울에 가까운 모습이다. 쌓인 낙엽들을 밟으며 가는 길은 언제 걸어도 낯선 세계로 들어가는 느낌에 젖게 한다. 낙엽들은 내 발에 밟힐 때마다 무엇인가를 이야기한다. 푸르던 시절에 대한 미련을 얘기하는 것 같진 않다. 가지에 돋아날 또 다른 잎을 위한 찬양의 소리도 아니다. 낙엽도 지금의 자신에게 다가온 사소한 것들에 대해 이야기한다. 몸이 부서지니 아프단다. 밟지 않으면 안 되겠냐고 묻는다.

'너도 기어이 무너졌구나!'

계곡에 다다라 건너편 숲가에 자리한 폐가를 바라보니 한쪽이 주저앉았다. 사람이 떠난 지 20년 가까운 세월을 보내면서도 틀만은 번듯하게 유지하고 있던 집이었다. 지붕이 무너지면서 천장과 벽도 무너졌으니 집의 운명이 다할 날도 멀지는 않았다. 집에서 살았던 사람들의 자취도 그때쯤엔 찾기 어려울 것이다.

집 옆의 무덤도 푸른 일렁임이 가득했던 예년에 비하니 한가해 보인다. 취나물을 뜯던 가장자리도 아직 푸르름이 깔리지 않았다. 그런 중에도 반가운 꽃들이 눈에 띈다. 무덤 앞에서 허리를 굽히고 머리를 숙인 할머니의 모습으로 피어난 꽃. 은근한 붉은 빛으로 본다면 수줍은 처녀인 것도 같지만, 가만히 볼수록 할머니를 닮은 꽃이다. 허연 머리카락을 아래로 늘어뜨리고 있는 모습에서 떠올려진 인상이라고 얘기하곤 하지만 그런 것만은 아니다.

걸음을 멈추었다. 뭔가 섬뜩한 모습이 할미꽃에 어리었다. 가만히 고개를 숙이고는 있지만, 땅을 향해 입을 벌린 꽃은 웃는 모습이기보다는 통곡을 하고 있는 모습이다. 등줄기가 서늘하다. 햇살은 환하고 따듯한데 이 서늘함은 어디서 온 것일까?

불현듯 집과 무덤을 둘러싸고 있는 숲을 보았다. 건너온 계곡가에 버티고선 소나무가 내 시선을 잡는다. 여인이 목을 매 죽었다는 나무. 붉은 빛을 은은히 뿜어내면서 당당한 자태로 하늘을 떠받치며 자라고 있다. 내가 죽은 뒤에도 성장을 멈추지 않을 기세다.

집을 향해 길게 뻗은 소나무가지에 매달려 죽어 있었다는 여인. 할미꽃은 보고 또 보아도 죽은 여인의 모습이다. 한 번도 본 적이 없는 사람. 마을 사람들의 이야기로만 알고 있는 사람. 진정 살고 싶어 죽은 사람.

'줄을 목에 걸 때, 그녀는 편안했을까?'

작년보다 재작년보다 무덤가의 할미꽃은 더 늘었다. 봉분 위에까지 자리를 잡고 피었다.

집의 남겨진 부분마저 무너지고, 집터와 딸린 밭이 숲이 된다면, 무덤 주위도 나무로 뒤덮여 숲이 된다면, 할미꽃은 사라질까? 무덤도 숲이 된다면.

돌아오며 생각하니 산의 무덤들엔 할미꽃이 많다. 고개 숙인 꽃. 왜 하늘을 보지 않느냐고 물어볼 수 없는 꽃. 산에 살다 산이 된 여인들. 그런데 나는 왜 당신을 만나면 반가운 마음에 걸음을 멈추게 되는가?

복슬이

10년 전쯤이다.
"너도 세상 구경 좀 해볼래?"

복슬인 트럭 앞에서 꼬리를 흔들며 떨어지지 않으려 했다. 트럭을 타고 산 아래로 내려갈 때면 꽁무니를 따라 산 아랫마을까지 내려가기도 했다. 구불구불 돌고 돌아가는 길을 따라 내려가는 차를 따라잡기 위해 복슬인 산을 가로질러 내려갔다. 길모퉁이를 돌아 내려가다 보면 숲에서 길로 내려와 다시 차 꽁무니에 따라붙는 복슬이를 발견할 수 있었다.

그날은 복슬이를 트럭 짐칸에 태웠다. 복슬인 낮게 엎드려 그 어떤 두려움에 휩싸인 모습으로 움직이지 않았다. 차를 처음 타보니 그런가보다고 생각하며 면소재지인 옥동으로 나갔다. 농협 앞에 차를 세울 때까지 나는 복슬이의 상태에 대해 알지 못했다. 차들과 알지 못하는 사람들과 건물들이 복슬이에게 어떤 대상일 것인가에 대해 생각하지 못했다.

차에서 뛰어내린 복슬이는 건물과 건물 사이로 보이는 산을 향해 나아갔다. 급히 부르니 슬쩍 고개를 돌려 보면서 멈칫거리더니 끝내 나를 외면하고 산으로 올라갔다.

"복슬이가 돌아왔어요."

아내의 들뜬 목소리가 들려온 것은 그로부터 일주일 뒤였다.

"저기 버스 정류장에 나가서 혹시나 하여 '복슬아 복슬아' 하고 불렀더니 길모퉁이에서 '멍멍'거리면서 막 뛰어오는 거예요. 앞에 와서는 펄쩍펄쩍 뛰고 난리가 났어요."

복슬이는 털도 거무튀튀하게 지저분해진 상태에서 비쩍 말라 있었다. 그런 몸으로 신이 나서 집 주위를 뛰어다니며 자신의 기쁨을 발산하기에 바빴다.

그 뒤로 10년 세월이 뚝딱 흘렀다. 자신의 배에서 나온 새끼들이 떠나가고 같이 살던 개가 사람의 먹이가 되는 상황이 반복되는 동안에도 복슬이는 다시 찾은 집에서 살고 있다.

강아지 시절, 어린 아들의 손길을 피하지 못하고 플라스틱 자동차의 좌석 밑에 갇혀 끌려 다니던 때는 그래도 좋은 시절이었을까? 새로 이사 온 사람이 풀어놓은, 대여섯 배 크기의 개에게 물려 배가 찢어지는 중상을 입었을 땐 운명이 다했다고 생각했지만, 아내가 바늘로 꿰매주고 약을 발라준 것이 효과를 보아서, 뒷다리를 절룩거리는 병신이 된 몸이지만 삶을 이어올 수는 있었다. 작년 늦가을, 그 뒷다리를 무엇인가에 또 물렸다. 며칠 동안 보이지 않아 마루 밑과 헛간을 뒤지며 불러도 아무런 기척이 없었다. 다시 며칠이 지난 뒤, 하수구로 흘러나오는 물을 홀짝거리며 먹고 있는 놈을 발견하곤 가까이 다가가보니 앞다리를 이용해서 겨우 몸을 끌고 나온 상황이었다. 나왔으나 돌아가진 못하고 앉아 있는 것을 비닐하우스 안에 부직포를 깔고 눕혀놓았다. 정신없이 받아먹곤 했던 빵을 통째로 주어도 눈길조차 주지 않았다.

'너도 이젠 끝인 모양이구나!'

주둥이 옆에 빵과 물을 놓고, 아내가 가져온 우유에 항생제 하나를 타서 코앞에 들이밀었다. 내가 건넨 마지막 인사였다. 주둥이 끝에 우유가 닿자 다행히 혀를 내밀어 핥아먹었다. 이틀 후 살펴보니 빵이 사라진 자리 옆에서 복슬이가 살랑살랑 꼬리를 흔들었다.

요즘은 신발만 신어도 어디선가 나타나 나를 빤히 바라본다. 그때마다 나는 '저 놈이 내 속을 환히 꿰뚫어보고 있는 것은 아닌지' 의심의 눈초리로 눈빛을 맞받는다. 뒤를 쫓아와 불쑥 낙엽 밟는 소리를 내어 숲길을 걷던 나를 놀라게 하는 일은 이제 평상적인 일이다. 옆집에 가도 따라와 내가 나올 때까지 기다렸다가 다시 뒤를 따라 집으로 온다. 밭에도 따라와 밭둑에 엎드려 일하는 모습을 지켜본다.

문밖을 바라보니 오늘도 녀석은 푸르름을 배경삼아 마당 한복판에 자리를 잡고 배를 깐 채 엎드렸다. 잠이 든 녀석의 콧소리가 제법 마당을 울린다. 녀석은 문밖의 신발 앞이나 마루 밑이나 헛간이나 돌담 안쪽의 나무 밑이나 마당, 아무데서나 잠을 잔다. 다 자기 집이다. 방안까지 들어오진 못하지만 그 외의 곳은 다 녀석의 공간이다. 이 집이 나와 가족의 집인지 녀석의 집인지 도무지 헷갈린다. 산짐승을 막고, 찾아오는 손님을 제일 먼저 나가 마중하는 것도 복슬이다. 내가 주는 먹이를 먹고 산다는 얘기도 이상하다. 내가 먹이를 주는 건지 아니면 식사를 챙겨 드리는 건지 가늠이 안 된다. 누가 주인인지 분명하지가 않다.

이 집이 누구의 것인지 더는 따지지 말고 살자는 게 내 요즈음의 생각이다. 이 집에서 복슬이를 내친다는 건 이제 가능한 일이 아니니, 그 외의 무슨 생각이 더 필요할까?

기다림의 끝

조팝나무꽃 향기가 '훅' 내 몸을 덮친다. 향기를 따라 고개를 돌려 바라보니 쌀알보다도 작은 꽃잎 다섯 개로 송이를 이룬 꽃들이 가느다란 가지들을 뒤덮었다. 하얗고 긴 몸매의 조팝나무가 백여우의 꼬리가 되어 나를 유혹한다. 내 목을 휘감아 숨을 멎게 할 듯 살랑살랑 몸을 흔든다. 정신이 순간적으로 아찔해 그만 발을 멈추고 심호흡을 한다. 세상이 온통 향기롭다. 꿀이 흐르는 산이다. 배꽃도 배나무를 뒤덮고 복사꽃도 하늘을 물들일 듯 붉게 피어났다. 숲가의 산벚꽃도 돌담가의 라일락도 피었다. 돌층계의 양쪽가로 금낭화들이 우죽우죽 분홍꽃을 피워내 돌의 모습을 지웠다. 명자꽃 붉은 빛도 낭자한 핏방울을 돌담에 흩뿌린다.

앞산도 색깔이 다르다. 거무튀튀한 빛으로 웅크리고 있더니 어느새 푸르게 몸을 일으키고 있다. 집 주위의 나뭇가지들도 은근슬쩍 푸른빛으로 모습을 바꿨다. 앞의 참나무도 뒤의 자두나무도 도랑가의 마가목도 연초록 잎들을 흔든다. 나를 부르는 소리로 듣는다고 해도 뭐라 할 그 누가 있겠는가? 은근한 눈길로, 나는 막 세상에 나온 잎들의 몸짓을 받아들인다. 잎들은 내가 원했으나 얻지 못한 딸의 모습이 되어 다가온다. 아빠, 아빠, 아빠, 아빠, 아빠, 까르륵 끼륵 꺄르륵. 나를 부르며 웃음 짓는 아이, 아이들.

새잎으로 단장한 나무들은 커다란 꽃송이다. 이파리 하나하나가 모여 푸른 꽃 한 송이가 되었다. 막 세상에 나온 나뭇잎들은 세상의 어떤 꽃보다도 내가 좋아하는 꽃이다. 햇살이 잎을 통과하며 빚어내는 푸르디푸른 빛보다 고운 얼굴을 나는 알지 못한다. 나무를 꽃으로 보니 하늘로 솟을 듯 일어선 앞산도 한 송이 꽃이다. 이틀 아니 사흘, 여유롭게 잡아도 나흘이다. 삼사일 동안에 바뀐 세상을 바라보는 나의 눈이 의심쩍다. 세상이 이렇게 '확' 변할 수도 있는 거구나!

봄이라고는 했지만 겨울의 꼬리가 유난히 길게 드리운 날들이 흐르고 있었다. 그런 중에도 피는 꽃은 있었고 돋아나는 새싹도 있었다. 갈 새들은 가고 올 새들은 왔다. 그리고 마침내 기다리던 것이 모습을 드러냈다. '아무리 길어도 꼬리는 끝이 있다'는 믿음을 확인시켜주듯이 추위가 싹 가신 날, 나는 하루 네 장 때던 연탄을 두 장으로 줄였다. 퇴비를 뒷밭으로 나르고 난 뒤 도랑에서 얼굴을 씻고 숲과 맞닿아 있는, 집 옆 돌담 밖으로 발길을 옮겼다. 고추를 심을 밭은 내일 갈아도 늦지는 않다. 하지만 분봉은 내일이라도 시작될 일이었다.

날개로 바람을 일으켜 벌통 안으로 넣어주는 벌들이 서너 마리 눈에 띄니 내 마음도 바빠진다. 벌통 하단의 입구 앞에 앉아 벌이 놀라지 않게 충격을 주지 않고 문을 떼어냈다. 손거울을 안으로 집어넣어 벌통 안을 비춰보니 벌들의 수가 생각보다 많지 않다. 집을 감싸고 바글거리며 까맣게 붙어있어야 했으나 허연 부분들이 드러나 보였다. 칫솔을 사용해 바닥을 싹싹 쓸어냈다. 1cm 정도의 두께로 쌓인 벌집부스러기와 벌들의 사체 속에는 까만 벌레들과 함께 '느리'라고 하는 나방 애벌레도 있었다. 망설임 없이 제거하는 중에도 벌들은 뒷다리에 노란 화분을 둥그렇게 묻혀가지고 들어가 뱃속의 꿀을 비우고 꽃가루를 떼어낸 뒤 나갔다. 청소가 끝날 즈음엔 몇몇 벌들이 긴장된 몸짓으로 기어 나와 위협하듯 내 주위를 날아다녔다. 아차, 부리나케 입구를 막고 벌통 앞에서 멀어졌다.

벌통은 20통 남짓 되었건만 지난가을 말벌의 습격에 희생되고 애벌레가 썩는 전염병이 돈 데다가 예상보다 추웠던 겨울 탓인지 세 통만 남았다. 최소한의 보살핌 속에서도 많은 꿀을 얻고자 하는 내 욕심을 견제하는 것인지 벌은 쉽게 늘지 않는다. 좀 늘었다 싶으면 올해처럼 쑥 줄곤 한다. 청소를 마치고 벌통 앞의 느릅나무에 분봉군을 받기 위한 유인 벌통 두 개까지 매달아놓으니 저녁이 가까워졌다.

저녁바람이 불어도 드나드는 벌들의 몸짓은 멈추지 않는다. 서산 위의 해가 발악적으로 내뿜는 빛을 받으며 날아다니는 벌의 모습을 보니 밤이 올 것 같지가 않다. 날아가는 벌들을 배웅하기라도 하듯이 푸른 잎들이 바람에 일렁인다.

벌보다 어린 나뭇잎이 더 좋으냐고? 그런 질문엔 대답할 수가 없다.

가는 봄은 고요하다

초록 세상으로 비가 내린다. 어두워진 만큼 무거워진 하늘이 제 무게를 어찌하지 못하고 내려앉는다. 푸르름으로 뒤덮인 세상의 꽃들도 피어나던 웃음을 지우고 땅을 바라보며 숨을 고른다.

물방울 소리가 방안까지 밀려든다. 축축하다. 방도 방안의 나도 비에 젖는다. 귀를 기울이지 않아도 세상을 가득 채우는 소리가 들려온다. 촤촤촤촤 촤촤촤촤, 나뭇잎들이 비를 맞는 소리. 솨솨솨솨 솨솨솨솨, 빗방울이 땅에 내리는 소리.

소리는 들려오건만 조용하다. 빗소리 가득한 세상으로 흐르는 고요의 강에서, 가만히 자라나는 것들을 본다. 푸르름 속에서 푸르름을 먹으며 꿈틀거리는, 생명들의 푸르름을 바라본다. 드러나지 않게, 무섭게 자라나는 푸르름. 처마에서 땅으로 떨어지는 낙숫물소리도 몸을 움츠렸다.

  창밖의 비가 주춤거리며 성긴 틈새를 내보인다. 내려앉은 하늘이 무거움을 떨어내려는 듯 땅으로 어둠의 조각들을 내려놓는다. 빗방울이 떨어질 때마다 '끄덕' 고개를 숙였다 다시 일으키는 나뭇잎의 인사를 받으며 나는 잠시 즐겁다. 나무 밑의 풀도 잎을 숙였다 일으키는 동작을 반복하고 있다. 몸을 숙여 빗방울의 무게를 땅으로 내려놓는 동작으로 나뭇잎과 풀들은 빗속의 삶을 이어나간다. 비를 피할 수 없다면, 묵묵히 맞으며 자신의 몸 안으로 받아들이라고 말한다. 그럴 수밖에 없는 자신을 기꺼이 인정하며 살아가야 한다는 것을 이야기한다.

  문득, 방바닥을 기어가는 검은 물체가 눈에 스친다. 쥐눈이콩만 한 거미다. 검은 빛이 빛나는 것이 아직 어린 티가 역력하다. 장판이 깔린 바닥이 미끄러운지 박박박박 제자리에서 헛발질을 하다가 겨우 벗어나 다시 기다가 또 다시 바바바박, 나아가지 못하고 제자리에서 발을 움직인다. 그러다 또 앞으로 나아가며 거미는 쉼 없이 움직인다.

  장난기가 동한 내가 발을 들어, 나아가는 거미의 앞길을 막았다. 거미는 사태를 파악하는 듯, 몸을 세운 채 움직이지 않았다.

"얘, 밖으로 내보낼까?"

"어디, 뭔데요? 으응, 거미구나. 장롱 밑으로 몰아넣으세요. 벌레들 잡아먹게."

아내의 말을 따르려고, 다시 움직이기 시작한 거미의 앞을 막아 장롱 쪽으로 방향을 바꾸게 만들었다.

"아, 잠깐만 아빠."

아들이 내 발을 밀며 엎드리더니 집게손가락을 구부렸다가 '탱' 튕기며 거미를 쳐서 장롱 밑으로 사라지게 했다.

"너무 세게 친 것 아니냐?"

아들은 말없이 빙그레 웃는다. 장롱 밑에선 아무런 기척도 없다. 먼지가 쌓인 장롱 밑으로 튕겨진 몸을 추스르며 정신을 수습해 사방을 둘러보는 거미의 모습이 눈에 잡힐 듯 했지만 한참을 바라보아도 다시 보이진 않았다.

아내와 아들이 나란히 다시 눕는다. 나도 다시 창밖을 바라본다. 비에 젖은 세상은 여전히 고요하다. 아내와 아들과 나 그리고 거미 사이에서 벌어졌던 일도 아무런 소리를 얻지 못했다.

잠시 전과는 다르게 빗방울이 사선으로 내린다. 바람이 부는 모양이다. 나뭇가지들이 흔들린다. 나뭇잎이 몸을 뒤집기도 하면서 알 수 없는 소리를 지른다. 그래도 세상은 고요하다. 왜 이리 조용할까? 바람도 세상의 고요를 흔들지 못한다.

언제 저렇게 자랐을까? 도랑 옆길이 자라난 풀들로 덮여 흔적조차 희미하다. 언제 이렇게 컸을까? 마당가의 나무들이 앞산을 가로막으며 섰다.

푸른 것이 푸른 것을 가리며, 가려진 푸르름이 가린 푸르름을 헤치며 푸릇푸릇 자란다. 서로 다투며 자라나는 소리들로 가득한 세상을 본다. 그런데, 그런데 왜 이리 조용한가?

다시 자유를 생각하다

느릅나무 아래 서 있으니 무엇인가 하늘에서 내려오는 것이 있다. 하늘하늘 그네를 타며 내려온다. 바람이 불면 부는 방향으로 '휘이이' 날려갔다가 돌아오기도 하면서 땅을 향해 나아간다. 꽁무니에서 뽑아내는 실 한 가닥에 의지한 채, 자라난 나뭇가지를 떠나 땅으로 내리는 자의 모습이 여유롭기만 하다. 시선을 고정시킨 상태로 가만히 서서 바라보며 나는 벌레가 부러웠다.

크기로야 2~3㎝에 풀줄기마냥 가냘파서 유심히 보지 않으면 잘 띄지도 않을 벌레다. 허여멀건 한 색이어서 눈길을 확 끌지도 못한다. 눈앞에서 오가는 모습에 본능적인 경계심이 작동했다고나 할까? 아니면 막연한 호기심일지도 모른다. 어쨌거나, 나는 하늘거리며 하늘에서 땅으로 옮겨가는 한 마리 벌레를 바라보며 움직이지 않았다.

갉아먹던 잎을 벗어나 아래로 아래로 흔들흔들, 흔들리는 몸에 자신의 모든 것을 맡긴 상태로 벌레는 공간을 이동하고 있었다. 몸을 일직선으로 뻗은 채 여유로운 자태로 내리는 벌레의 모습엔 자유로움과 설렘과 두려움이 뒤섞여 어려 있었다. 내가 갈망해온 내 모습이었다.

'어떻게 먹고 살 것인가'가 거대한 벽으로만 다가오던 날들로부터 나는 얼마나 벗어나 있을까? 국가나 학교, 고용인의 눈치를 보며 마음 속 이야기를 마음대로 내뱉을 수도 없었던 시절로부터 나는 또 얼마나 떨어져 있을까? 스스로 닫아건 마음을 열지 못해 자신을 털털 털어내는 글을 쓸 수 없거나, 누군가의 눈치를 보고 있는 것이 지금의 내 모습이 아니라고 단정할 수 있는가? 글 쓰는 사람으로서 자신의 마음조차 마음대로 끄집어낼 수 없다면 나는 무엇인가? 결혼을 하고 아이도 얻어, 깊이를 알 수 없던 외로움으로부터는 어느 정도 거리를 두게 되었으나 내 부정적인 모습을 송두리째 바꾸진 못했다.

언뜻 보면 보이지도 않는 줄을 타고 벌레 한 마리가 땅을 향해 나아간다. 어둠이 내린 뒤에 닿아도 괜찮다는 듯, 도중에 천적의 먹이가 된다 해도 개의치 않겠다는 듯, 흐늘흐늘 바람 따라 이리저리 흔들리며, 하늘의 비단줄을 타고 벌레가 내려

간다. 하려고 하던 일이 생각나 나무 밑을 벗어나려 할 때까지도, 벌레는 훨훨 날기라도 하듯이 실 하나에 몸을 의지하며 하늘에서 땅으로 가는 여행을 멈추지 않았다. '땅에 닿으면 어디로 갈건가요?' 묻는다는 것이 오히려 이상하여 입을 열지도 않았다. 벌레의 대답을 들을 필요도 느끼지 못했다. 세상은 흐를 곳으로 흘러간다. 다만 내가 선택한 삶이 즐겁지 못한 이유가 무엇인지, 때마다 살펴보며 나아갈 일이다.

　바람이 나뭇가지와 풀을 흔들며 불어와 나까지 흔들며 스쳐간다. 벌레는 바람을 타고 내 몸에서 멀찍이 물러났다가 '휘이' 원을 그리며 돌아왔다. 그 반동으로 다시 내게서 멀어지며 원을 그리는 벌레를 바라보다가, 끝내 땅에 내려서는 것을 보지 못하고 돌아서서 발길을 옮겼다.

　그리 급할 게 무엇이냐고 내게 물으며, 좀 더 천천히 걸어가라고 얘기하는 벌레의 소리가 등줄기에 내려앉는다. 세상이 진정 갈 곳을 향해 가고 있다면, 바쁠 게 대체 무엇인가? 굴복하지 않는다면 그리고 영합하지 않는다면, 내가 내딛는 발걸음만큼은 내가 가고자 하는 곳으로 나아가는 것이니, 마음자락이나마 느긋하게 풀어놓고 살아야 하지 않을까? 비록 미세하여 보이지 않을지라도 절망할 이유는 없다. 사람살이가 다 운명이 아니겠느냐고 말하진 말자. 저 작은 벌레가 누리는 자유가 내게도 주어질지는, 여전히 내가 하기에 달렸다고 생각한다. 자유가 운명에 속한 것이라면 운명은 자유에 속한 것이다.

별은 가까이 있다

'좋네'라는 말이 뇌리 속에서 '톡' 깨어나는 날들이 지속되고 있다.

"봄에 옮겨 심은 나무가 잎이 시들시들 한 게, 물 좀 대줘야겠어요. 비가 좀 내려야 할 텐데."

나는 좋기만 한데 아내는 텃밭에 불과한 농사일지라도 걱정이 되는 모양이다. 아무래도 아내보다는 내가 생활에 신경을 덜 쓰는 것이 분명하다. 작물이야 지들이 알아서 다 잘 자랄 거라는 막연한 믿음을 갖고 있거니와, 나아가 '먹고사는 것이야 어찌 되든 살지 못할까'라는 생각 또한 가슴 한쪽을 차지하고 있으니 아내가 속 터질 만도 하다. 어찌됐거나 그것이 사실인 걸 또 어찌할거나.

산속에 10년하고도 5년이 넘게 살다 보니 뱃심이 제법 두둑해졌다. 십몇 년 전에 비하면 그렇다. 세상이 어떻게 되어도 살아갈 수 있다는 자신감이 생긴 때문이다. 돈을 벌어 자본주의가 요구하는 인간형으로 살아갈 수는 없겠지만 내 나름대로 목숨 붙이고 살아갈 자신이 산속 생활을 하면서 몸에 붙었다. 텃밭만 잘 가꾸고 때 맞춰 나오는 나물을 채취만 잘 해도 쌀을 제외한 먹을거리는 모자람이 없다. 먹고 남은 고추를 팔면 쌀값도 쉽게 해결된다. 먹고 살 일이 두렵지 않으니 세상의 눈치를 보며 굽실거릴 이유가 없다.

싫은 걸 싫다고 얘기하지도 못하면서 살아왔으나 요즈음은 그 말도 곧잘 한다. 못할 이유가 없다고 생각한 지는 오래 됐으나 감히 대들 힘이 나지 않았다. 없던 힘이 생겨난 것일까? 그렇지는 않다. 힘은 있었으나 더 큰 힘에 억눌려 있었다고 봐야 한다. 꿈틀, 반항의 기운이 솟구치곤 했으나 스스로 억눌렀다. 살아온 세월이 나를 그렇게 만들었다. 고등학교를 마치기까지의 학교생활이, 뒷골목의 깡패들이, 공권력의 폭력이, 군대의 철조망 속 억압이.

아내의 말을 못 들은 척하기도 어려워 밭으로 발길을 옮겼다. 푸른 작물들에 내리쪼이는 햇살은 더욱 환하다. 푸르름과 햇살은 잘 어울리는 형제다. 빛의 형태로 다가오는 것은 태양만이 아니다. 밤하늘의 수많은 별들도 그침 없이 날아든다. 지구로 흐르는 은하의 빛줄기를 마시며 생명이 자란다. 이 거대한 우주의 기운을 받아먹으며 사람도 살아간다. 상황이 이러한데 어찌 말 한 마디 하지 못할까? 일어나는 힘을 밖으로 발산하지 못할까?

산수유나무는 죽을 정도는 아니었다. 옮기지 않은 나무에 비해 잎이 작고 축 처져 있었다. 새로 옮겨진 땅에 뿌리를 내리기 위해 앓고 있는 중이라고 해야 옳았다. 이겨낼 수만 있다면 앓는 것도 헛된 일만은 아닐 터이다. 기존의 공간을 벗어나 살아보는 행운을 얻은 경험만으로도 앓는 대가는 되지 않을까? 나무가 원치 않은 이식이었다고? 그렇다면 미안하지만, 앞뒤를 알고 나면 나를 욕하진 않을 것이다. 오가는 길옆에 심겨진 나무였다. 자라나면서 사람의 이동을 방해해 언젠가는 잘려질 운명이었다.

녹색식물들이 햇살을 한 줌이라도 더 받기 위해 키를 키우는데 온힘을 쏟아내는 여름이다. 이 세상이 하나의 덩어리임이 분명하다면 굳이 하나가 되려고 노력할 필요는 없는 일이다. 식물들의 경쟁은 치열하지만 처참하진 않다. 풀을 뜯어먹는 동물도 가만히 보면 햇살을 닮았다. 초식동물을 잡아먹는 동물도 햇살을 닮았다. 푸르름만이 햇살의 동무라고 할 수는 없다. 붉은 피가 솟구치는 동물의 세상도 태양의 얼굴을 비켜갈 수 없다. 저 하늘의 얼굴은 지상의 모든 것과 엇비슷한 모양새다. 우주 끝의 손길은 지구에 닿아 있고 사람의 손길은 우주 끝에 닿아 있다. 우주의 구석구석 그 어느 곳도 생각만큼 멀리 떨어져 있지 않다.

고름 태양

제주도 어디쯤에 장마전선이 상륙했다는 얘기가 들린다. 아침부터 희뿌연 안개가 산과 산 사이를 잔뜩 메웠다. 앞산이 흐릿하니 신비로운 세계가 펼쳐진다. 이 세상 너머 저 세상이 있다면 아마도 이런 모습이려니 생각한다.

오후에 접어들면 걷히겠거니 했지만 안개는 걷힐 기세가 아니었다. 저녁이 가까워 와도 걷히질 않았다. 곧 장마가 들이닥칠 것만 같으니 할 일이 하나 생각났다. 고추밭에 줄치기였다. 요새 고추는 조금만 커도 웬만한 바람조차 감당하지 못한다. 다수확 품종으로 개량을 하고 또 한 탓이다. 고추가 제 몸을 감당하건 말건 사람들은 관심이 없다. 어찌 되든 열매가 크고 많이 열리면 그것으로 족하다. 그러니 고추는 스스로 제 몸

하나 지탱하지 못하는 신세가 되었다.

이제 막 커나가는, 기세등등한 고추가 어제 박아놓은 지지대 사이에서 하늘 향해 온 몸을 뻗고 있는 모습을 보니 줄을 칠 힘이 은근히 솟았다. 등에 멘 작은 배낭에 넣은 줄무더기의 안쪽 끝을 잡아당기며 대여섯 포기에 하나씩 박힌 지지대에 줄을 감아나가기 시작했다. 지지대마다 선을 감으며 반대편까지 가서는, 다음 고랑에 들어서서 맞은편으로 돌아오며 반대편 줄을 치는 방식으로 서너 줄을 치고 나니, 땀이 솟아 작업복 윗옷이 흠뻑 젖었다. 위이잉윙윙 쇠파리가 내 피를 빨려고 달려든다. 손으로 쳐서 쫓고는 다시 줄을 매기 시작했다. 또 한 줄을 매고 나니 허리가 아프다. 몸을 일으켜 하늘을 보았다. 고추밭 앞에 자라난 호두나무 가지 사이로 환한 무엇인가가 눈에 들어왔다. 눈을 찌푸리며 살피니 태양이다. 노오란 빛이었다. 안개를 뚫고 나오는 빛이어서 강렬하지도 않았다. 시답잖은 모닥불 하나 지핀 듯한 모양새였다. 태양을 보고 '코딱지 같다' 했던 사람의 얼굴이 떠올랐다. 내 눈엔 고름이 고인 상태로 보였다. 고름이 고여 있는 둥근 상처였다.

해는 안개 위에서 안개를 비치고 있을 것이다. 나는 안개 속에 있어 맑고 밝은 햇살을 받지 못하고 있다. 안개의 세상에선 안개 아닌 존재가 없다. 모든 것이 안개가 되어야 한다. 안개의 세상에선 안개 외엔 있을 수가 없다.

나는 어쩌다 이 안개의 세상 속에 서있을까? 나는 이런 세상을 원하지 않았다. 태어나려 하지도 않았다. 이 나라를 선택하지도 않았다. 눈을 떠보니 이곳에 있었다. 아버지가 출생신고를 한 까닭에 이 나라의 국민이 되었다. 애초부터 나의 선택은 없었다. 사람은 침략의 목적이 아니라면 이주할 수 있는 자유가 있다. 따라서 국가를 선택할 자유 또한 있어야 한다. 자기가 원하는 곳으로 가서 살 수 있는 자유가 있어야 한다. 국경을 넘어 바다를 건너 아무 곳이나, 가고자 한다면 갈 수 있어야 한다. 저 찌푸둥한 불빛이 태양일까? 하늘의 일부분이 썩어서 생긴 상처는 아닌가?

다시 허리를 굽히고 몸을 낮춰 줄을 치는 작업으로 들어갔다. 아프던 허리도 그 사이 치료가 되었는지 줄을 칠만 했다. 땀은 줄줄 흘러 바지까지 적셨다. 바지와 다리의 피부가 닿는 느낌이 끈적끈적하게 다가왔다. 상의는 흥건하게 젖어 배에 가슴에 등에 척 달라붙었다. 한 줄을 치고 다시 몸을 일으켜 쉬면서 태양을 보았다. 해는 여전히 노란 상처다. 안개의 어찌할 수 없는 막막함이 앞산 옆산 뒷산을 가리고 해를 가리고 기어이 내 몸과 마음까지 집어삼킬 태세다.

남은 두 줄을 부리나케 치고 서둘러 집을 향해 걸었다. 안개 속에서 보이는 길은 하나다. 안개의 길. 스스로 안개가 되는 일. 햇살도 어찌하지 못하는 안개의 세상에선 누런 고름 덩어리인 태양을 보며 안개가 아닌 그 무엇이 되겠다는 생각을 잊어야 한다. 태양 아래 푸르른 세상을 그리며 묵묵히 살아야 한다.

삶의 빛깔은 붉다

개에 삽니다~ 염소오 삽니다~.
개나 염소오 삽니다~.

빗방울이 흩날리는 탓일까? 산속 세상을 울리는 소리가 오늘 따라 우렁차다. 새소리가 들리던 잠시 전의 세상이 순식간에 사라졌다.

아침 무렵 윗집 차 한 대가 지나가고 난 뒤 점심때가 지날 무렵까지 멍청히 누워있던 집 앞 시멘트 포장도로를 울리며 허연 트럭 한 대가 지나갔다. 올 때가 됐는데, 싶으면 어김없이 찾아드는 차다. 대개는 초여름과 겨울, 보신탕과 보약의 계절을 앞두고서이다.

이곳 산 중턱에 터를 잡은 뒤로 나는 묵밭에 철망을 둘러치고 흑염소를 키웠다. 철망 앞에는 개집도 하나 마련해서 식용 개도 키웠다. 개는 매일 한 번 물과 사료를 갖다 주는 것으로 끝이었지만 염소는 그렇지 않았다. 암수 한 쌍이었을 때는 울 안의 풀만으로 부족함이 없었으나 새끼 두 마리가 태어나 자라나면서부터 상황이 달라졌다.

아침이면 수컷 어미 염소의 고삐를 끌고 숲으로 들어가 폐가 앞의 풀밭에 매어놓고 돌아와 저녁에 가서 고삐를 풀어 끌고 오는 일이 반복됐다. 수컷 염소의 고삐를 쥔 채 앞서서 걷다가 뒤를 흘깃 돌아보면 앞서거니 뒤서거니 일렬로 줄을 서서 따라오며 '매애 매애' 우는 염소들이 귀엽기도 했다. 저녁이 되어 울안으로 염소들을 들여놓고, '팽팽' 공중돌기를 하며 뛰어다니는 염소 새끼들에 눈길을 주고 있다가, 고개 들어 서산 위에서 붉은 혀를 내미는 해를 보노라면 '뭐 이렇게 지내는 것도 괜찮은 삶이려니' 하는 생각이 들었다. 문제는 염소를 팔아야 할 때였다.

장사꾼에 넘기기도 했으나 보통은 직접 찾아와, 잡아달라거나 약을 해달라는 사람들에게 팔았다. (두 배 이상의 값 차이가 났다.) 개도 그렇게 팔았다. 염소든 개든, 나뭇가지에 목을 매달아서 숨이 끊어지기 바쁘게 내린 뒤 목을 따서 피를 빼는 것이 내가 선택한 도살방법이었다. 밥을 먹듯이 자연스럽게 잡아먹는 것이 가장 인간다운 모습이라고 생각했다. 제 먹이조차 잡지 못하는 자세야말로 못난 놈의 삶이라고 생각하며 마음을 굳게 먹었다. 목을 자르고 배를 가르고 사지를 자르며 피를 묻히는 것이 곧 삶이라고, 삶이란 그렇게 붉은 것이라고, 그걸 인정해야 한다고, 나는 내게 말하곤 했다. 그걸 못한다면 그만 살아야 한다며 마음을 다잡았으나 나만 보면 기뻐서 오줌까지 싸던 개를 죽이는 일은 내가 감당할 수 있는 영역이 아니었다. 굶을 정도의 궁핍한 생활이 아니라면 하고 싶지 않은 일이었다. (돼지를 잡는 일은 그에 비하면 할 만했다. 기른 것이 아니라 사와서 잡았기 때문이다.) 그러나 그것이 삶이라면 도망칠 생각 또한 없었다. 물러설 일도 아니었다. 그렇게 10년이란 세월을 보냈다.

지금의 나는 그 붉은 세월을 먹고 살아있다. 내가 죽인 염소와 개들 그리고 돼지들이 몸으로 들려준 이야기들을 몸에 새긴 채 살아있다. 삶이란 붉은 빛이며 거기서 벗어날 길은 없다.

개에 삽니다~ 염소오 삽니다~

윗집에 멈춰 있던 트럭이 머리를 돌려 나가며 다시 내 집 앞을 지나친다. 짐칸의 철창에 갇힌 개들과 흑염소가 자신들을 바라보는 나를 바라본다. 이미 대들 기력을 잃어버린 힘없는 눈빛이 내 몸을 휘감는다. 저 힘없는 눈빛이 왜 이리 강렬하게 나를 휘어 감는 것인가?

고 흑염소를 키웠다. 철망 앞에는 개집도 하나 마련해서 식용 개도 키웠다. 개는 매일 한 번 물과 사료를 갖다 주는 것으로 끝이었지만 염소는 그렇지 않았다. 암수 한 쌍이었을 때는 울 안의 풀만으로 부족함이 없었으나 새끼 두 마리가 태어나 자라나면서부터 상황이 달라졌다.

아침이면 수컷 어미 염소의 고삐를 끌고 숲으로 들어가 폐가 앞의 풀밭에 매어놓고 돌아와 저녁에 가서 고삐를 풀어 끌고 오는 일이 반복됐다. 수컷 염소의 고삐를 쥔 채 앞서서 걷다가 뒤를 흘깃 돌아보면 앞서거니 뒤서거니 일렬로 줄을 서서 따라오며 '매애 매애' 우는 염소들이 귀엽기도 했다. 저녁이 되어 울안으로 염소들을 들여놓고, '팽팽' 공중돌기를 하며 뛰어다니는 염소 새끼들에 눈길을 주고 있다가, 고개 들어 서산 위에서 붉은 혀를 내미는 해를 보노라면 '뭐 이렇게 지내는 것도 괜찮은 삶이려니' 하는 생각이 들었다. 문제는 염소를 팔아야 할 때였다.

장사꾼에 넘기기도 했으나 보통은 직접 찾아와, 잡아달라거나 약을 해달라는 사람들에게 팔았다. (두 배 이상의 값 차이가 났다.) 개도 그렇게 팔았다. 염소든 개든, 나뭇가지에 목을 매달아서 숨이 끊어지기 바쁘게 내린 뒤 목을 따서 피를 빼는 것이 내가 선택한 도살방법이었다. 밥을 먹듯이 자연스럽게 잡아먹는 것이 가장 인간다운 모습이라고 생각했다. 제 먹이조차 잡지 못하는 자세야말로 못난 놈의 삶이라고 생각하며 마음을 굳게 먹었다. 목을 자르고 배를 가르고 사지를 자르며 피를 묻히는 것이 곧 삶이라고, 삶이란 그렇게 붉은 것이라고, 그걸 인정해야 한다고, 나는 내게 말하곤 했다. 그걸 못한다면 그만 살아야 한다며 마음을 다잡았으나 나만 보면 기뻐서 오줌까지 싸던 개를 죽이는 일은 내가 감당할 수 있는 영역이 아니었다. 굶을 정도의 궁핍한 생활이 아니라면 하고 싶지 않은 일이었다. (돼지를 잡는 일은 그에 비하면 할 만했다. 기른 것이 아니라 사와서 잡았기 때문이다.) 그러나 그것이 삶이라면 도망칠 생각 또한 없었다. 물러설 일도 아니었다. 그렇게 10년이란 세월을 보냈다.

지금의 나는 그 붉은 세월을 먹고 살아있다. 내가 죽인 염소와 개들 그리고 돼지들이 몸으로 들려준 이야기들을 몸에 새긴 채 살아있다. 삶이란 붉은 빛이며 거기서 벗어날 길은 없다.

개에 삽니다~ 염소오 삽니다~

윗집에 멈춰 있던 트럭이 머리를 돌려 나가며 다시 내 집 앞을 지나친다. 짐칸의 철창에 갇힌 개들과 흑염소가 자신들을 바라보는 나를 바라본다. 이미 대들 기력을 잃어버린 힘없는 눈빛이 내 몸을 휘감는다. 저 힘없는 눈빛이 왜 이리 강렬하게 나를 휘어 감는 것인가?

자연의 순환

벌들에게 무심했던 모양이다. 서양벌들이 벌통 입구에서 들어갈 틈을 노리며 날고 있는 모습을 발견한 것이 4일 전이다. 입구 주변은 침략자와 수호하려는 자가 엉기어 물고 찌르며 죽고 죽이는 전쟁터였다. 더위와 습기를 쫓기 위해 벌통 바닥을 돌멩이로 받혀 들어줘 공기 순환을 돕게 해준 날이 반팔 여름옷을 입기 시작할 때였으니 한 달도 채 되지 않았다. 그 사이 서너 번 양봉장을 둘러봤을까?

고임돌을 없애고 벌통을 내렸으나 한 번 꼬이기 시작한 도둑벌들은 사라지지 않았다. '윙윙' 벌통 앞에서 날다가, 문지기 벌들이 집을 지키느라 분주한 가운데 생기는 빈 공간을 파고들어가는 서양벌들을 지켜볼 수만은 없었다. 막대기를 주워

들고, 입구에 내려앉은 벌이 안으로 들어가는 순간을 노리거나 꿀을 배에 가득 담고 밖으로 나오는 순간을 놓치지 않고 꾹 눌러 죽이는 동작을 반복하며 벌통 앞에서 하루 한두 시간씩을 보냈다. 찰나를 놓치지 않아야 하므로 성공률은 반에 반 정도여서 숙인 허리가 아플 때쯤이면 포기하고 돌아섰다.

그렇게 며칠을 보낸 오늘. 가만히 지켜보니 방어에 나서고 있는 토종벌도 이미 벌통의 주인은 아닌 듯 보였다. 아니나 다를까? 벌통 하나를 집 안 마루로 옮겨 눕히고 살펴보니 무리를 이루고 있어야 할 벌들이 송두리째 보이지 않았다. 여왕벌도 보이지 않았다. 꿀을 옮겨가기 위해 침입한 벌들만이 기어다니는, 벌집을 털어 밭에 버렸다.

남은 두 통 중 한 통도 이미 군세가 약해질 대로 약해진 상태였다. 결국 한 통만 남은 셈이다. (올해도 '낭충봉아부패병'이라는 전염병이 돌아 유충들이 죽어 분봉도 두 통을 받는 선에서 그쳤다.) 그런데 서양벌은 어디서 날아왔을까? 가까운 곳에 누군가 서양벌통을 갖다놓은 것일까? 지금은 아카시아 철도 아니어서 누가 슬쩍 갖다놓았다가 일주일쯤 뒤에 가져가는 일이 벌어질 때도 아니다. 산을 하나 넘어서 날아온 것일까? 반경 2km까지가 활동범위라고 하니 산 너머에 있는 양봉장에서 날아온 것일 수도 있다.

가서 항의라도 할까? 내 벌통 값을 물어내라고 할까? 당장 서양벌 사육을 멈추라고 할까? 날개 있는 것이 어딘들 못갈까? 내 벌통의 벌을 죽이고 꿀을 가져갔다고 해서 벌의 임자를 도둑으로 몰 수 있을까? 무엇보다 증거가 없다. 내 벌통의 꿀을 가져갔다는 것을 무엇으로 증명할까? 이랬거나 저랬거나, 13년 전에 한 통 갖고 시작한 양봉이 아닌가? 마음의 흐름이 여기에 다다르자 일렁이던 가슴 속 물결이 가라앉으며 덤덤한 감정이 나를 채웠다. 또 다른 생각들이 꿈틀거리며 비어져 나온 것도 그쯤이었다.

사람들은 '자연'하면 대부분 평화로운 정경들을 떠올린다. 평화롭게 살고픈 인간 욕망의 발현이다. 어떤 사람들은 강자가 약자를 지배하는 약육강식의 세계를 얘기하며 자신의 정치 논리나 부유함을 정당화한다. 그러나 어쩌랴. 이 세상은 홀로 우뚝 선 강자도 없고 무한의 바닥에 엎드린 약자도 없다. 가장 힘이 센 것처럼 보이던 인간도 얼마 지나지 않아 약한 모습을 드러내는가 하면, 눈에 보이지도 않는 균의 침입에 앓아눕기 일쑤다. 나아가 죽음을 피할 수도 없다.

먹히는 생물은 먹는 생물의 삶을 영위해 준다. 먹히는 자가 없다면 먹는 자도 있을 수 없다. 힘이 센 놈이 약한 놈을 지배하는 것이 아니다. 강할수록 약한 것에 의지한다. 먹고 먹힘은 하나의 순환이다. 잡아먹는 존재는 곧 잡아먹힐 존재다.

무엇도 으스대거나 굽실거릴 일이 없다. 인간 스스로 만들어내는 힘의 관계를 떠날 때에야 우리는 진정 자신을 만나게 되지 않을까? 다행인 점은 지금도 그런 사람들이 이 세상에 없지 않다는 것이다. 그래서다. 어쩌다 스쳐가는 사람이 지위와 돈과 권력을 내려놓은 사람인 줄도 모른다는 생각을 하면 은근히 기분이 좋아진다.

감자꽃

아내도 아들도 없는 오후의 집이 고요하다. 바람이 불어도 흔들림이 없다. 흔들림이 없는 세상은 낯설다. 마당가에 서서 나보다 대여섯 배는 큰 나무들을 올려보다가 나뭇가지 틈 사이로 보이는 하늘에 눈길을 주고 서있으니, 누구인가? 언제 어디선가 본 듯한 얼굴이건만 조각하늘도 낯설기만 하다.

 '쾅'. 마루에 앉아 있자니 헛간 강철지붕을 치는 소리가 들린다. 지난밤에 내 마음까지 덜컥 떨어뜨린 소리다. 이게 무슨 소릴까? 기둥이 썩어 헛간이 주저앉는 소리 같진 않았다. 지난밤의 일을 떠올리며 소리가 난 곳을 살폈다. 마당에 뒹구는 살구들이 그제야 눈에 들어왔다. 딱새들도 엄청 놀랐겠구나!

헛간 처마 밑엔 외벽에 걸어놓은 페인트 깡통 안에서 새끼를 키우는 딱새 부부가 있다. 며칠 전부터 교대로 들락거리며 푸른 벌레를 물어다주고 하얀 똥을 물어내는 분주한 모습이 눈에 잡혔다. 첫 포란에 실패했는지는 몰라도 꽤 늦어서야 알 품기에 들어가 부화에 성공한 부부다. 나무부스러기와 개털과 이끼를 물고 깡통 속을 들락거리는 것이 보이는가 싶더니, 둥지를 떠나는 새끼들을 부르며 안절부절 못하는 모습을 볼 날이 오늘 내일이다. 사람의 눈으로 보면 속전속결로 이뤄지는 번식이다. 하긴 살구꽃이 피었을 때도 어제였다.

언제부터였더라? 생각하니 매미가 울기 시작한 날도 기억이 나지 않는다. 산속 세상의 흐름은 보이지 않게 흘러간다. 잠시 다른 곳을 쳐다보았을 뿐인데 계절이 바뀌고 해가 바뀌고 십 년이 흐른다.

마당에 떨어져 썩어가는 살구들을 바라보니 10년의 세월이 만져진다. 먹고 술도 담그고 잼도 만들어 아는 이에게 한 병씩 주던 때도 이젠 옛날인가? 썩어가는 모습을 보고도 손이 움직이지 않는다. 아깝다는 마음도 들지 않으니 이것은 또 무슨 변화인가?

아직 감자꽃이 피어 있을라나? 집 뒤 밭에 심어놓은 감자가 어찌됐나 싶어 발길을 옮겼다. 잠시 잊고 있었다는 생각이 들면 캘 때가 되는 것이 감자였다. 사람들은 감자알을 더 굵게

하려고 감자꽃의 목을 끊어버리기도 한다. 나는 꽃을 따주는 것이 귀찮기도 했지만 농부들의 삶을 따라야 할 필요를 느끼지도 못했다. 어쩌다 보면, 살랑살랑 바람에 일렁이는 하얀 모습이 예쁘기도 한 꽃이었다.

언제 이렇게 가꿔놓았을까? 아내도 그새 부지런한 농부가 되었나?

감자밭 아래에 자리한 밭이었다. 지난해에 고추를 심었던 밭이어서 올핸 무언가를 심겠다는 생각도 하지 않았다. 그 곳에 아내가 채소밭을 일구어놓았다. 이젠 우리 집 세 사람 먹을 농사만 짓자고 했었다. 채소는 눈에 잘 띄는 손바닥만 한 터에 괭이로 북북 긁어 퇴비나 서너 포대 넣고 이것저것 생각나는 대로 있는 대로 씨를 뿌려, 나오면 나오는 대로 먹으면 그만일 거라고 생각했다. 말은 없었지만 아내는 내 생각이 맘에 들지 않았던 모양이다. 어쩐지, 아랫집에서 오이와 토마토 양배추와 배추 호박 등의 모종을 주는 대로 받아 들고 오더라니. 아내의 속마음이 읽혀지니 작은 웃음이 나도 모르게 피어난다. 채소밭은 아내에게 밥상과 같은 존재임을 알지 못했다.

밭은 볼수록 영락없는 밥상이다. 고추장을 찍어먹는 오이가 밥상 오른쪽에 오르는 것과 같이 밭에서도 오른쪽 한쪽을 차지한 채 지지대를 기어오르고 있다. 안쪽으론 양배추와 배추 줄이 있고 밥에 넣어먹는 콩도 중간쯤에 한 줄 자라고 있다.

앞부분에 심어놓은 상추는 이미 다 자라 잎을 뜯기고 또 뜯기면서 키를 키웠다. 작년에 듬성듬성 자라났던 아욱도 씨앗이 떨어진 자리에서 싹을 틔워 자란다. 호박은 그 다음 줄, 수박과 참외는 후식인 듯 뒤편에서 줄기를 뻗고 있다. 왼쪽 맨 가장자리엔 간식거리 옥수수도 자란다. 열무도 무성하게 커서 옥수수 앞을 차지하여 밥상을 풍성하게 만들었다. 더할 것 없는 밥상이다.

    바라보며 서있자니 불현듯 채소밭 이곳저곳이 소란스럽다. 한번쯤은 본 듯한 얼굴들이 둘러앉은 식탁에 아내와 아이의 모습도 보인다. 감자꽃 송이 송이가 바람에 흔들리는 모습이다. 나는 얼른 감자밭으로 시선을 돌렸다.

수염 기르기

아버지 생일이라며 아내가 아들을 데리고 고향으로 내려갔다. 나는 올해도 함께 가지 않았다. 이유는 간단하다. 장인 장모가 수염을 기른 내 모습을 좋아하지 않는다는 것이다.

수염 좀 깎고 오라는 말을 장모로부터 직접 들었으나 나는 깎지 않고 내려가지 않는 쪽을 택했다. 수염이 보기 싫은 사람들에게 내 모습을 보여주면 기분이 나쁠 것이므로 가지 않는 게 좋은 일이라고 생각했다. 장인 장모는 수염 기른 내 모습을 보지 않으니 좋고, 나는 누군가의 요구로 수염을 깎아야 하는 굴욕감을 맛보지 않으니 좋다. 굳이 처갓집에 갈 필요를 느끼지 못했다.

문제는 아내였다. 장인과 장모의 생일을 맞아 일 년에 두 번 가는 처갓집에 한 번도 동행하지 않는 나를 여간 못마땅해 하는 게 아니다. 그 일을 입에 올리면 곧바로 싸움이 일어난다.
장인 장모를 비롯한 처갓집 사람들이 이해가 되지 않는 건 아니다. 귀한 딸을 데리고 산 속으로 들어간 일도 못마땅한데 농사까지 짓는다 하니 나를 반길 까닭이 있었을까? 이삿짐을 날라주고 돌아가던 처남은 차안에서 울었다고도 한다. 중풍으로 쓰러져, 누웠다 앉았다 하며 집밖으로 나가지도 못하는 장모로서는 딸을 힘들게 만든 내가 영 성에 차지 않을 것이다. 거기에 수염까지 기르고 다니니 얼마나 보기 싫었겠는가? 남을 의식하며 살아가는 농촌마을에서 수염을 기른 사위, 가진 것 없고 권력도 없는 사람을 어찌 반겨할 수 있을까? 깨끗한 얼굴에 말끔하게 차려입은 사위를 마을 사람들에게 내놓고 싶은 마음이야 장모의 작디작은 소망에 다름 아니었을 것이다. 그거 하나 못 들어준 내 속이 좁고도 좁다.
마을 사람들에게 부끄러워서 그랬다면 깎을 마음이 있다. 허나 그리 간단하지 않은 게 이런 문제다. 이 사회에서 수염 기르기가 인정되는 사람은 교수 정도 되는 학자이거나 유명한 예술가 정도에 지나지 않는다. 아니면 도사나 점쟁이 같은 특수한 사람이다. 학자나 유명 예술인의 경우엔 수염이 문제가 되지 않거니와, 자신의 명성을 높여주거나 개성과 권위를 나타내는 작용을 하기도 한다. 같은 선생이지만 초중등학교 선생은 수염을 기르고 싶어도 기를 수 없다. 예술인들도 무명이거나 돈이 뒷받침되지 않는 처지라면 싸가지 없는 놈이 되기 일쑤다.

이곳에 자리를 잡고 농사를 짓기 시작한 지 얼마 되지 않았을 때의 일이다.

"어이, 코털!" 내게 자주 찾아오던 사람이 나를 부르던 명칭이다. 새 차를 산다는 얘길 듣고 그의 고물트럭을 사서 끌고 다니던 3년 동안 사람들은 내 차를 보고 "이거 엄 씨 차 아냐? 야, 아직 잘 굴러다니네!"라고 얘기하며 눈 아래로 내 모양새를 내려다보곤 했다. '가진 것도 없는 놈이 무슨 수염을 기르고 난리야!' 그런 말을 하고 있는 눈빛이었다.

봄날이었던가? 마을 회식자리에서 한 사람이 내게 말했다.

"어이, 왜 버르장머리 없게 수염을 기르고 지랄이야. 내가 수염 깎게 만든다고 마을 사람들에게 약속했으니까 내일 당장 깎아, 알았어!" 직격탄을 날린 사람이 있었다. 도끼까지 휘두르며 '날 건드리면 목숨이 끊길지도 모르니까 가만히 내버려 두라'는 말을 단단히 못박아두는 걸로 그날의 싸움을 끝냈다. 그렇게 지킨 수염이었다.

"왜 수염을 기르는데?"라는 말부터 시작해서 "수염 기르면 마누라가 좋아해?" "수염 좀 깎으면 안 되나?" 은근슬쩍 비웃는 웃음과 기분나빠하는 얼굴 표정까지, 각양각색인 사람들을 보면서 '수염 하나 기르기 참 힘들구나'라는 말이 튀어나오곤 했다. '산에서 농사를 지으며 사는 삶인데 자연스럽게 자라나는 수염을 굳이 매일 깎아야만 하는가?' 하는 지극히 단순한 물음을 떨치지 못해, 자라는 수염을 깎지 않고 그냥 놔두었던 것뿐이었다.

수염 하나도 맘대로 기르기 힘든 세상에서 나는 수염을 기르며 살아간다. 수염을 깎을 수 없는 사람이 되었다고 해야 정확한 말일까?

새소리를 들으며 잠이 드는 아침

울 부짖는다고 해야 할까? 피를 토한다고 해야 할까? 두 가지를 합친 소리쯤이나 될까?

우웨엑- 우워억- 우어엉- 우어억-.

어둠의 수렁 속으로 빠져들며 윗집 우사에서 소가 운다. 우사 안의 소들은 배가 고프거나 발정이 났거나 새끼와 생이별을 했을 때 운다. 배가 고플 때의 소리는 붉다. 발정이 났을 때의 소리는 더 붉고, 오늘처럼 새끼와 생이별을 했을 때는 더더욱 붉다. 깊은 밤, 새끼를 찾는 어미 소의 울음이 내려앉은 어둠을 뒤흔들며 산과 산 사이의 세상을 검붉은 피로 출렁이게 한다. 윗집으로 뛰어올라가 주인의 멱살을 움켜쥐고 싶은 마음이 요동친다.

"소음은 규제 대상에 들어있지도 않습니다. 축사는 400㎡까지 진 신고만으로 얼마든지 지을 수 있습니다."

군청 직원의 얘기로는, 산속이라 해도 농지에 짓는 축사는 농사를 짓는 것으로 해석해서 규제할 수 없다고 했다. 미국과 자유무역협정 체결을 추진하면서 피해를 입는 농민들을 위해 농지법을 개정하여 그나마 있던 농지위원들의 동의절차까지 없앴다고 한다. 축사를 지을 마음만 있다면 누구든지 마음대로 지을 수 있었다. 거기다 기술센터에서 축사 건립비용의 50%를 지원해준다 하니 더 할 말이 없었다. 내가 낸 세금이 나를 괴롭히는 일에 사용되고 있다니······.

"축사를 지을 땐 주민 동의서 첨부를 강제하는 조례라도 만들어서 이웃 사람들이 피해를 보지 않게 해야 하는 것 아닌가요?"

"그건 상위법에 어긋나서, 조례를 제정한다 해도 효력이 없습니다."

별다른 제재사항이 없었다. 땅값하락 등의 직접적인 피해와 환경관련 문제에 대해 민사소송을 제기하거나 환경분쟁조정위원회에 조정신청을 하는 것이 내가 할 수 있는 일이었다. 그 밖의 방법으론 파리며 악취며 식수 오염에 관한 우려사항 등을 가지고 끝없이 민원을 넣는 수밖에는 없었다.

어찌해야 할까? 윗집과의 싸움에 매달리다 보면 나의 생활도 흔들린다. 글쓰기도 집중하지 못할 것이고 윗집 사람(그와 함께 자라난, 이 마을과 아랫말 사람들까지 합친)과의 긴장 상태 속에서 언제 끝날지 모를 싸움을 이어가야 한다.

산속에 축사가 들어서리라고는 생각하지 못했다. 시인이라고 하는 놈이 이렇듯 버젓이 벌어질 수 있는 일을 상상조차 하지 못했으니, 자질이 모자람을 인정하고 글쓰기를 그만두어야 할까?

이때를 기회삼아 이곳을 떠날까? 축사가 빤히 보이는 집과 땅을 누가 살까? 판다고 해도 반 값 정도나 받으면 많이 받는 것인데, 그 돈으로 어딜 가서 살 만한 터를 구할 수 있을까? 윗집 땅과의 경계선 아래에서 내 집까지 펼쳐진 밭에 나무를 심어 숲을 만든다면 달리 무슨 생각을 하지 않아도 되지 않을까?

훠이 허이 훠이 허.

이런저런 생각을 비집고 문득 들려오는 소리가 있었다. 창문으로 시선을 돌리니 어슴푸레, 새벽이 눈을 뜬다. 나뭇가지 잎 뒤에 숨은 초승달이 조는 틈을 타서, 어둠 속으로 스며드는 푸르스름한 빛을 흔들며 새들이 운다.

훠이 허 훠이 허 씨씨 씨버럴 씨버럴 씨이씨 히오리 허리 히어 히어리 히어.

산과 산 사이, 산과 하늘 사이를 꽉 채우며 '둥둥' 소리의 세상이 빛을 밀어 올리며 떠오른다.

마루 밑에서 잠이 들은 개도 깨어나지 않았다. 아내도 아들도 일어나지 않았다. 숲은 어두운데 하늘은 밝다.

우웨에 우워어엉 우워어 워어어엉, 그만 멈췄는가 싶었던 소 울음소리가 다시 이어진다.

다행일까? 새소리는 붉게 물들지 않았다. 새소리가 퍼져나가는 만큼 붉은 빛 또한 점점 묽어졌다. 조금만 더 밝아진다면 새소리가 소 울음소리를 지울 기세다. 서둘러 잠자리에 들면서 나는 생각한다. 집 위에 숲을 만들며 좀 더 살아보자. 지금까진 괜찮다.

소주 한 병

"사람들한테 천 원만 달라고 하면 잘 줘. 허허허허허."

천동이 아빠, 소주 한 고뿌 하자고 내 팔을 끌며 서부시장 안으로 들어간다. 아무 말 못하고 끌려가는 나를 나도 막을 수 없었다.

"소주 한 병!"

20~30년 전도 아니고, 소주만 시킨다는 것이 못내 이상했다. 안주 좀 시키라고 하니, 손을 젓는다.

플라스틱 물컵 두 개와 소주 한 병에 오이 대여섯 쪽과 된장이 따라 나왔다.

"저녁은 드셨어요?"

"이게 밥인 걸 뭐. 허허허. 저 사람 이제 나오네."

천동이 아빠가 시장 안으로 들어서는 남자를 보고 손을 들어 인사를 한다. '나는 술로 사는 사람이오.'라고 말을 하는 듯, 남자의 얼굴빛이 검다. 남자는 천동 아빠 옆에 나란히 앉은 뒤에도 말 한 마디 하지 않는다.

"막걸리로 줄까?"

아주머니에서 할머니로 넘어간 나이의 추레한 여자가 툭 땅에 동전 하나 던지듯 묻는다. 남자는 입을 열기도 귀찮은지 고개를 슬쩍 끄덕인다. 미세한 머리의 흔들림을 놓치지 않은 여자가 막걸리 한 병과 플라스틱 컵 하나에 오이 서너 쪽과 고추장을 붙여 남자 앞에 내놓는다.

"이번 가을부턴 노령연금이 나온다 하더라구. 술값 외상할 일은 없어지겠어."

사람들이 오가는 시장 한복판의 좌대에 앉아 한 자리 건너의 생선진열대에서 건너오는 비린내를 맡으며 질척질척한 바닥을 보았다. 울컥, 자리를 박차며 나가고 싶은 충동이 치민다.

"소주 서너 병 마시면 하루가 그냥 가. 자, 한 잔 해!"

건배를 하자는 천동 아빠의 손길을 뿌리칠 순 없었다. 잔을 들어 부딪쳤으나 '탁' 소리 비슷한, 싱겁기 그지없는 소리가 들리지도 않게 울리다 바닥으로 떨어졌다.

'독약이구나!' 한 모금 들이킨 뒤 나는 잔을 은근슬쩍 내려놓았다. 허연 가루약처럼 썼다. 비울 엄두가 나지 않았다. 플라스틱 컵에선 배어 있던 무슨 냄새가 기어 나와 입 안을 역겹게 만들었다. 천동 아빠 옆의 남자는 여전히 말 한 마디도 없었다. 천동 아빠도 남자에겐 말을 건네지 않았다. 술도 권하지 않았다.

"천동인 잘 있나요?"

"감자떡 만드는 공장에 15만 원씩 받고 다니더니 요즘엔 집에 박혀서 움쩍도 안 해. 공장에 잘 다니던 큰 애까지 얼마 전에 집에 들어오더니 빈둥거리면서 뭘 할 생각을 안 해."

"형수님은 별 일 없으시죠?"

"병원에서 아주 살지 뭐. 이젠 나올 생각도 안 해. 치료비가 무료니까 상관없지. 허허. 나 이젠 노숙자 다 됐어. 사람들이 돈 잘 줘. 저기 지나가는 저 아줌만 날 만나면 알아서 천 원씩 줘. '오늘 한 잔 못했지?' 물어보면서 손에 쥐어 준다구. 잘 줘."

천동 아빠의 손이 가리키는 시장 입구를 바라보니 허리가 구부정한 여자가 뒷짐을 지고 걸어가고 있다.

"그만 가봐야겠습니다. 도서관에 볼일이 좀 있어서……."

"응, 가봐."

의외였다. 잡을 줄 알았다. 술자리에선 좀체 놔주지 않던 끈질긴 사람이 아니었던가?

할머니에게 만 원짜리 한 장 내밀며 거스름돈은 천동 아빠에게 드리라는 눈짓을 하곤 서둘러 돌아서서 발걸음을 옮겼다.

"지난번 소줏값 제하고 줄까?"

천동 아빠에게 묻는 할머니의 음성이 칼끝인 듯 날카로웠던가? 아니면 천동 아빠가 나를 바라보고 있다고 생각해서였을까? 등이 서늘했다.

짧게 깎은 허연 머리. 톡 튀어나온 배. 벌어진 어깨. 짧고 굵은 다리. 동그란 눈. 정신병원에 입원해 있는 아내와 학교 폭력에 시달린 끝에 정신 장애인이 된 막내아들, 실업자가 된 큰아들을 가족으로 둔 사람. 내게 땅을 팔고 읍내로 나간 남자. 술로 하루 또 하루를 사는 사람.

그의 식사에 함께 하지 못한 미안함 때문이었는지 나는 멍청이가 된 채 산속 집으로 돌아왔다. 생각하니 그의 얼굴은 떠오르지 않고 소주 한 병만이 다가온다. 소주 한 병에 그의 아내와 두 아들인 듯 따라붙은 플라스틱 컵과 오이와 된장.

흡혈

모기 한 마리가 개의 주둥이 근처에서 앵앵 날며 떠나지 않는다. 더위에 지친 개가 처마 밑 그늘에서 낮잠을 청하는 한낮. 모기를 쫓으려고 개가 머리를 흔든다. 모기는 슬쩍 주둥이 근처를 벗어났다 개가 잠에 빠지는 모습을 보이자마자 다시 앵앵 달려든다. 개는 머리를 들어 입을 쩍 벌렸다 닫으며 잡아먹으려 하지만 모기의 몸놀림에 비해 한 수 늦다. 아가리를 벗어난 모기는 태연하게 또 덤벼든다. 개는 졸면서도 머리를 흔드는가 하면 반사적인 동작으로 주둥이를 앞으로 내밀며 입을 벌렸다 오므리길 멈추지 않는다.

피를 빨고야 말겠다는 모기의 의지가 강렬함을 알고 있었기 때문일까? 피를 빨리지 않겠다는 뜻을 그만 접었는지 개가 움직이지 않는다. 주둥이 위를 빙빙 돌던 모기가 주저하지 않고 사뿐히 내려앉는다. 털이 나지 않은 콧잔등이다. 피를 빨리는 부위가 간지럽던지 아니면 아팠던지, 개가 잠결에 앞발로 쓱 콧잔등과 눈 밑을 함께 훑는다. 모기는 그럴 줄 알고 있었다는 듯 여유롭게 하늘로 날아올랐다가 아무 일도 없었다는 모양새로 내려앉아 다시 피를 빤다. 이번엔 길다. 개도 그만 포기했다. 너 마음대로 실컷 빨아먹고 가라며 깊은 잠 속으로 빠진다.

그게 아니었나? 너그러운 표정의 개가 슬며시 눈을 떴다. 개의 시선을 느꼈는지 아니면 먹을 만큼 먹었는지, 모기가 날아올라 마당가 수풀 속으로 간다. 눈꺼풀의 무게를 감당하지 못한 개는 스르륵 땅에 몸을 붙이고 머나먼 잠 속으로 들어간다. 축 늘어진 개의 모습이 평화롭다.

잠자는 개의 모습이 왜 저리 평화로운가? 개의 모습은 원래 평화로운가? 모기에게 피를 빨리는 모습을 봤기 때문일까? 배 불리 피를 빨아먹은 모기를 봤기 때문일까? 세상 모든 것 다 받아들이겠다는, 저 잠자는 자세가 그런가?

모기의 생존과 번영과 즐거움을 위해선 누군가는 피를 빨려야 한다. 상대가 사람이건 개이건 또 다른 동물이건 상관은 없다. 피를 빨리는 누군가가 있기만 하면 된다. 피를 빨리는 동물이 없다면 모기도 있을 수 없다.

모기에게 피를 빨리는 일을 좋아하는 동물이 있을까? 필요 없는 피가 있거나 여유분의 피를 가지고 있어 나눠줘도 좋은, 넉넉한 피 주머니를 차고 있는 동물을 나는 본 적이 없다. 모기에게 섣불리 피를 주다가는 병을 얻어 죽을지도 모르고 가렵거나 아프기도 한데, 선뜻 나서거나 아무렇지도 않다는 자세를 취하는 동물이 이 세상에 존재할 수 있을까?

가능성까지 닫아놓을 필요는 없을 것이다. 피를 필요로 하는 사람을 위해 헌혈을 하는 이들을 그 범주에 넣을 수 있다. 사람이 사람에게 피를 주는 건 어려운 일이다. 이 처절한 경쟁 사회 속에서 나와는 상관없는, 한 번도 본 일이 없고 볼 일도 없는 어떤 사람을 위해 피를 무료로 뽑아주는 행위는 어찌 보면 기적이다. 마지못해 한 일이라 해도 크게 다르진 않다.

그런데 상대는 모기다. 인간사회에서는 모기에게 피를 나눠주라고 얘기하진 않는다. 모기가 이 세상에 필요한가 그렇지 않은가에 대해 질문을 한다는 것은 오만한 짓이다. 지구상에서 과연 모기를 몰아낼 수 있는지를 생각하는 인간이 오히려 겸손하다. 몰아낼 수 없다면 언제 어디서나 피를 빨릴 각오를 하고 살아야 한다. (피를 빠는 동물은 모기만이 아니다.) 피할 수 있다면 멀찌감치 벗어나도 좋고 모기장을 치고 살아도 좋겠지만, 그럴 수 없는 처지라면 좀 나눠주며 살자고 좋게 마음먹어도 괜찮지 않을까?

생각에 생각을 잇다 보니, 피를 빨린 뒤 깊은 잠에 빠진 개의 모습이 평화롭게 다가온 이유를 알 것만 같다.

바보들도 살 수 있는 곳

　두 사람이 찾아왔다. 한 사람은 여기서 차를 타고 30여 분 거리에 있는 골짜기 깊은 곳을 찾아들어간 사람이고 한 사람은 산에 거처를 마련했다가 서울로 다시 나간 사람이다. 둘은 친구사이였다.
　"얘가 산에서 살 때 내가 부탁을 했었지요. 차 소리 나지 않는 곳이면 되니까 알아보라고요."
　교사 출신의 남자는 환갑을 넘어섰으나 늙어보이진 않았다. 그곳도 그가 원했던 만큼 조용하지는 않을 것이다. 다만 그가 살던 도시보다는 조용하리라 믿는다. 그쯤에서 만족하며 살아가길 나는 바란다.
　방송이나 신문, 잡지, 책 등을 통해서 자연은 환상적인 모습으로 사람들에게 다가가는 일이 많다. 그러나 도시의 삶과 마찬가지로 산속의 삶도 그리 만만치 않다. 사람을 멀리하고 인간 이외의 생물 혹은 무생물과 어우러져 살아가는 삶을 지향한다고 해도, 사이좋게 서로 도움을 주고받으며 살아가는 모습은 환상에 가깝다. 풀 한 포기 나무 한 그루도 다 자기를 스스로 보호하며 삶의 즐거움과 번식을 위해 싸우면서 살아간다. 가만히 보면 자연 생태계와 인간사회는 다를 게 없다. 인간도 타고난 그대로 살아간다. 그런데 뭐가 어떻다는 것인지, 사람들은 자신이 사는 세계가 유달리 잔인하고 경쟁적이어서 슬프다고 떠든다. 그 반대로, 인간은 아름답고 위대하다고 말하는 사람들도 많다. 스스로 잘났다고 하며 스스로 못났다고 한다.

생각하니 벌써 십년 가까운 세월이 흘렀다. 여름 어느 날, 한국방송공사의 '인간극장' 제작진이 찾아왔다. 카메라를 든 사람은 집에 들어서자 곧 촬영을 시작했다. 출판사 편집자로부터 연락을 받은 뒤, 방송사 작가와의 통화에서 촬영을 해도 좋다는 말을 한 지 얼마 지나지 않아서였다.

피디는 예상 외로 젊은 여자였다. 생김새도 도시에서 깍쟁이로 자란 티가 역력했다. 시골이나 자연과는 전혀 어울리지 않았다.

"출판사를 다니다 일을 접고 들어왔다면서요?"

"그거 뭐 몇 개월 다녔었죠. 그걸 다녔다고 하기도 뭐하네요."

"그럼 들어오기 전에 뭐하셨어요?"

"여기저기 떠돌아다녔지요."

말을 나눌수록 뭔가 서로 아귀가 맞지 않았다. 괜찮은 출판사에 다니다 그걸 박차고 나와 가족을 이끌고 산속에 들어간 것으로 얘기를 듣거나 발간예정인 내 산문집을 미리 보고 자기 나름대로 추측을 한 상태에서 찾아온 것이 분명했다.

멋있는 각본을 머릿속에 구성하고 들어왔는데 서두부터 맞지 않았던 모양이다. 피디는 아내에게서라도 자신이 그려놓은 이야기를 찾아보겠다는 듯 질문을 던졌다.

"교사직을 그만 두고 남편을 따라 들어왔다고 하던데, 들어올 때 심정이 어땠어요?"

"그거 잘못 알려졌어요. 학원 강사를 했었는데……. 들어온 것도, 그냥 산골 생활도 할 수 있다는 정도였지요. 적극적이지는 않았죠."

"대학이나 고등학교 때 공부를 잘하셨을 것 같은데……."

"그렇지 않아요. 그저 보통 정도였죠."

자신의 생각을 아내에게서조차 얻어내지 못하자 피디는 얼굴에서 웃음기를 거두었다. 홀로 사는 할머니 집에서 지내며 촬영하길 원했으나 그 집은 방이 하나밖에 없었다. 대신 우리 집의 허름한 방 하나를 보여주었건만 좋다 싫다 말을 하지 않았다.

"식당에 내려가서 밥 먹고 올게요."

반짝반짝 빛나는 승용차에 올라탄 사람들이 우우 산 아래로 사라졌다. 외양간을 고쳐 마루를 놓은 곳에 고정시킨 채 녹화 중이던 카메라 한 대만 남았다. 그리고 얼마나 지났을까? 촬영기사가 홀로 올라와 카메라를 가지고 내려갔다.

책이 좀 팔려서, 인세를 받아 신세 진 사람한테 갚기도 하고 돈 걱정 접어두고 글 좀 써보자는 얄팍한 계산이 나로 하여금 스스로 못난 놈이 되게끔 만들었다. 타협도 아무나 하는 게 아니었다.

최고의 학벌을 갖추고 최고의 직장을 다니며 최고의 삶을 살던 사람이 뜻한 바가 있어 그 성공적인 삶을 내던지고 자연에 귀의해서 뜻 깊은 삶을 산다는 얘긴 이제 틀에 박힌 이야기 중에 하나다. 성공한 인간의 얼굴과 돈의 위력은 이미 자연의 품속 깊은 곳까지 파고들었다. 바보들도 살아갈 만한 공간은 대체 어디 가서 찾으라고.

칸나

거무튀튀한 빛이 스며 나오는 짙푸른 녹음 속에서 칸나가 꽃을 피웠다. 넓은 잎이 주위의 풀들과는 확연히 구분되는데다 꽃도 붉기가 예사롭지 않다. 저 붉은 빛을 뭐라 해야 할까? 핏빛보다도 밝고 생기가 넘친다. 늦가을에 뿌리를 캐어 겨우내 보관했다가 봄에 다시 심는 수고를 마다하지 않는 사람들의 마음이 잡혀진다.

어린 시절. 나는 한때 경기도 포천의 이동막걸리가 생산되는 양조장이 있는 마을에 살았다. 그곳은 마을 앞에도 옆에도 군부대가 있었다. 마을 안에 군인이 사는 집이 여러 채 있었던 이유다. 한 우물을 쓰며 옹기종기 모여 있던 우리 집 주위의 여덟 집 가운데서도 두 집이 군인 집이었다. 그 중 한 채는 다른 집들과 마찬가지로 초가집이었지만 한 집은 달랐다. 동화에나 나오는 집이었다. 지붕도 초가가 아니었고 벽도 반듯반듯했다. 밭에서 일하는 농부들 틈에 정장을 차려입은 신사가 서있는 형세였다.

지금 생각하면 조립식 건물이 아니었나 싶은데, 돌을 쌓았는지 블록을 쌓았는지는 기억이 희미하지만 담도 네모반듯하게 둘러쳐진 집이었다. 마당도 평평한 게 보통 집의 두 배는 되어서 이래저래 다른 집들과는 어울리지 않았다. 그 집의 담 안쪽을 따라 나있던 화단에 칸나가 있었다. 어쩌다 열려진 나무 대문 사이로 보이던 붉은 꽃과 커다란 잎.

어디에서도 찾아볼 수 없었던 꽃이었다. 유난히 붉은 꽃이 커다란 잎으로 떠받혀진 모양새였다. 붉은 빛으로 집 안 전체를 물들이던 꽃. 칸나의 빛은 붉디붉어 담장을 넘어 퍼져나갔다. 그땐 칸나가 열대 지방에서나 자생하는 식물인지도 몰랐다. 참으로 이상한 꽃이었으나 그래서 40년이 흐른 지금까지 내 기억에 선명하게 남았다.

아내가 아랫집 아주머니에게서 2년 전에 얻어온 칸나는 올해도 어김없이 어린 시절의 붉은 빛과 잎의 크기 그대로 집 앞 길가에 자리를 잡았다. 풀과 나무들이 푸르름을 드높이며 세상 전체를 뒤덮을 기상을 간직했던 때 함께 자라나 꽃을 피우더니, 무릇 풀과 나무들이 그 푸른 기세를 한 겹 접고 성장을 멈춘 시절로 접어든 지금도 잎을 키우고 새로운 꽃을 피우며 붉은 빛을 세상으로 퍼뜨리고 있다.

　세상물정 모르고 지 잘난 줄만 아는 칸나. 시절이 여름에서 가을로 넘어간 것도 모르는 칸나. 잠잠한 9월의 시간 축을 흔들며 남녘에서 날아오는 태풍의 모습으로 칸나는 오늘도 내 집 앞에 섰다. 태풍이 오는 쪽, 남쪽나라 어디서 왔다는 윗집 며느리의 까무잡잡한 얼굴을 닮았다.

　그런데 너는 어디서 들어왔나? 내가 나를 바라보니 나도 칸나인 것만 같다. 이곳에서 태어나지 않고 자라지도 않고 불쑥 들어와 터를 잡고 내 나름대로 살아가는 나는 아무래도 칸나인 것만 같다. 이곳 사람들은 나를 보고 이상한 놈이라고 말하겠지. 어떻게 먹고사는지 이상도 하겠지. 누군가는 내가 얼른 이곳을 떠나가 주길 바라기도 하겠지. 가야 한다면 어디로 가야 할까?

　태어난 곳, 그렇기에 가야 할 곳을 아는 이 누구일까? 모르는 이 그 누군들 칸나가 아닐까? 사람들은 대개 나처럼 무지하고 온 곳을 모르니 갈 곳도 모른다. 오직 그 자리에서 자신의 힘을 다해 빛을 발하며 가을이 오고 겨울이 와도 푸르게 살고 싶은 욕망을 따라 살아간다.

　겨울을 걱정하지 않아도 되고, 살아있는 동안 내내 꽃을 피워도 좋은 곳을 고향으로 간직한 꽃. 욕심이 과하다고 욕할 이 누구인가? 칸나의 고향은 욕심껏 살아도 상관없는 땅이다.
　내 집 앞에 꽃을 피운 칸나는 돌아갈 수 있을까? 언제 어디에서 왔는지, 집 앞의 칸나는 알고 있을까? 모른다면 어디로 갈 수 있을까? 어울리지 않는 식물들이 주변을 둘러싸고 있는 땅에서, 머물러도 떠나도 이방인의 삶인데. 떠돌이 광대라도 되었으면 노래라도 부르지 춤이라도 추지. 슬픈 얼굴로 고요히 남쪽 하늘을 바라보는 운명을 간직한 꽃. 떠나온 곳이 그리워도 다시는 갈 수 없다.

상사화

무 더위 속에서 상사화가 솟아났다. 긴 목을 빼고 누군가를 기다리며 창 앞에 있는 꽃을 나는 오래도록 바라보며 앉아있었다. 이른 봄에 칙칙한 땅거죽을 뚫고 나오던 잎의 푸르른 모습이 어제처럼 파란 기억으로 남아있는데, 그 언제 잎이 지고 모습을 감췄는지도 모르게 흘러간 봄과 여름의 끝에서 기다림의 목을 빼어 꽃송이를 피웠다.

꽃에서 눈을 떼지 않고 있자니 점심 무렵까지 곁에 있다가 떠나간 사람의 얼굴이 못내 머릿속에서 떠나지 않는다. 함께하고 싶으나 각자의 삶이 있으니 그럴 수는 없는 사람이다. 어쩌다 한 번 만나는 현실이나마 고마워하며 살아갈 일이다.

"수고 많이 했어. 바쁠 텐데. 데리고 다니느라 시간만 뺏기고."

"이렇게 찾아오시기라도 해야 얼굴 한 번 보죠."

실없는 인사말만 남기고 누님은 떠나갔다. 구름이 잔뜩 낀 하늘에서 쏟아질 듯 보이던 비는 오후 내내 오지 않았다.

누님의 몸은 일 년 전보다 말랐다. 당뇨로 고생하면서 입맛까지 잃어 영 힘이 없다는 얘기 끝에, 또 다른 병에 걸려 약을 먹었는데 지금은 많이 나아졌다는 말을 덧붙여 툭툭 풀어놓았다.

"국민학교 졸업 때 우등상장을 받았는데 이웃사람들이 아버지한테 술을 사라고 해서 술을 사셨다고 그러더라."

누님은 어린 시절 얘기까지 또 꺼내셨다. 어머님이 일찍 돌아가신 뒤, 초등학교 시절부터 집안 살림을 도맡아하며 자란 누님이다. 나는 누님이 해준 밥을 먹고 누님이 빨아준 옷을 입었다. 기억하기도 싫을 것 같은 시절의 얘기를 나뭇가지 사이로 흐르는 바람의 얘기인 듯 풀어놓는 누님의 모습은 이미 한 세상 다 산 모습이었다. 힘 좀 내시라고 하고 싶어도 선뜻 입에서 나오지 않았다.

좋은 계곡에 가고 싶다는 말에 산 넘어 미사리 계곡으로 가서 물가에 자리를 펴고 앉아 싸가지고 간 밥을 먹으려는데 지나던 사람이 내게 말했다.

"여기서 밥을 먹으면 안 됩니다. 원래 들어오지도 못하게 입구를 막아놓는 곳인데, 주민들만 드나드는 곳입니다. 들어오면서 천에 쓰인 거 못 봤어요? 경고문도 있을 텐데. 자연휴식년제 기간인 거 모르시나? 걸려서 사진 찍히면 벌금 백만원 내야 됩니다."

'그 사람, 말이나 좀 곱게 하지.' 입구에 뭔가 요란하게 써놓은 글을 언뜻 보기는 했다. 그건 그렇고, 차를 세운 뒤 무슨 글인지 잘 살피고 계곡에 들어서야 할 의무가 나에게 주어져 있는가? 보호해야 할 소중한 계곡이라면 애초에 시멘트로 포장도로를 내지 말아야 하는 것이 아닌가? 잠시 의아한 기분에 휩싸였다. '감시원이라도 세워놓던가!' 영 못마땅한 일이었다. 펼쳐놓은 밥과 반찬을 한 술 뜨지도 못한 상황에서 서둘러 계곡을 벗어나면서 나는 누님의 얼굴을 잠시나마 마주보지 못했다.

'에이 자식, 꼭 깡패나 경찰처럼 얘길 하네.' 계곡을 벗어나는 차안에서 입속말로 주억거려 보았지만 흐트러진 기분은 좀체 정리가 되지 않았다. 입을 꾹 다문 채 김삿갓 계곡으로 가서 말없이 밥을 먹었다. 함께 온 초등학생 조카는 다행히 다른 아이들과 어울려 물속에서 잘 놀았다.

딸에게 구경을 시켜주고 싶다며 천문대를 가자는 누님의 말에 따라 저녁이 되기 바쁘게 읍내로 나갔다. 내려앉은 어둠을 헤치고 산으로 올라 매표대의 직원 앞에 서서 돈을 내밀었다.

"예매하지 않았으면 오늘 입장할 수 없습니다."

매표원의 음성이 싸늘했다. 아뿔싸, 또 잊고 있었다. 입장권을 예매 한다는 사실을 나는 또 어찌 까맣게 잊고 있었을까? 천문대 앞에서 사진 한 장 찍고 내려오는데 참 할 말이 없었다. '나도 참 무심하게 살아가는구나!'

비틀거리는 내 삶이 그대로 드러났던 하루를 보낸 다음 날, 집에서 가까운 망경사에 들렀다가 누님은 서울로 돌아갔다.

새벽으로 가는 밤 시간이 되어서야 비가 내렸다. 어둠을 두드리며 내리는 빗소리를 듣고 있자니 창 앞에서 비를 맞는 상사화의 흔들리는 모습이 보이지 않아도 보였다.

검은 밤 붉은 길을 달리며

읍에 나갔다가 돌아오는 밤. 비가 내린 뒤의 축축한 포장도로를 따라 차를 몰아 산 중턱의 집을 향해 구불텅구불텅 길을 오르는데 토끼 한 마리, 길 가운데 우뚝 서서 긴 귀를 바짝 세운 채 어리둥절 어찌할 바를 모르고 있다. 브레이크를 밟아 속도를 늦췄다. 그대로 돌진해서 토끼를 어찌할 마음은 없고 도로는 폭이 좁으니 토끼가 비키지 않으면 차를 세울밖에.

 차가 멈추기 직전, 제 정신을 차렸는지 아니면 위험한 무엇이 바짝 다가서는 걸 직감적으로 느끼고 반사신경이 작동됐는지, 토끼가 화들짝 튀어 오르며 앞으로 내닫기 시작했다. 브레이크에서 발을 떼면서 슬쩍 가속페달을 밟았다. 나도 모르는 사냥꾼의 무의식이 작동되며 토끼를 뒤쫓는 게 재밌다.

길옆의 풀숲으로 파고들어 몸을 숨기면 되련만 토끼는 길을 따라 앞으로 치닫는다. 인간이 인간을 위해 만든 도로를 토끼의 길로 생각하지야 않았겠지. 왼쪽 길가로 갔다가 다시 오른쪽 길가로 붙으면서도 토끼는 계속 달린다. 열심히만 달린다면 위험에서 벗어날 수 있다고 믿는 힘찬 행동이다. 자신의 다리가 얼마나 튼튼한지, 자신이 달리기를 얼마나 잘하는지 알려나 주겠다는 듯.

"그러다 치겠어."

옆에 앉은 아내가 차 속도가 빠르다며 주의를 준다. 그런가? 재미 삼아 죽이고 싶은 마음은 없었다. 피를 보고 싶지도 않았다. 고기를 먹고 싶은 마음도 없었다.

"너무 멀리 온 거 아냐? 쟤, 집 못 찾아가는 거 아냐?"

아내의 의문도 엉뚱한 말은 아니다. 토끼가 집을 찾아가지 못할지도 모를 일이다. 살려고 황급히 뛰는 중에 자신이 알고 있는 영역을 벗어날 수 있다. 그렇게 된다면 내가 한 장난이 토끼에겐 죽음이 될 수도 있다. 삶이란 그런 것 아니겠느냐고 묻는다면 그렇다고 대답할 밖에. 그렇기는 해도 내가 의도하지 않은 일이다.

속도를 늦추는 때를 맞춰 더 이상은 안 되겠다는 듯 토끼가 길가에 멈춘다. 차를 세웠다. 살 길은 이 길밖에 없다고 작심

한 토끼가 풀숲으로 들어간다. 빛을 뿜으며 쫓아오는 물체가 자신보다 빠르고 지치지도 않는 괴물이란 걸 비로소 깨달은 모양이다.

"그 놈 들어갈 거면 일찍 좀 들어가지. 하긴 그러면 내가 재미가 없었겠지. 다 나를 재밌게 해주려고 그랬나?"

가속페달을 다시 밟으며 집으로 차를 몰았다. 뭐가 또 나타나려나, 앞을 살핀다. 고라니나 너구리가 나타난다면 또 한 판 놀 수도 있으나 뱀이나 개구리만은 만나지 않았으면 싶다. 언뜻 눈에 띄는 순간 차는 그들 위로 지나가게 된다. 작거나 납작 기어가는 것들의 운명은 차바퀴 밑에서 끝나기 일쑤다. (산길에서 차에 치여 죽은 동물들은 하루 이틀 이내로 무엇인가의 먹이가 되어 모습이 지워진다.) 자꾸만 무디어져 가고는 있지만 차바퀴에 눌려 죽는 것들의 마지막 외침이 전해지는 순간이 있다. 그때마다 예리한 광선이 몸의 한가운데를 뚫고 지나간다. 찰나의 일이지만 마음이 섬뜩하다.

내 몸 위를 차바퀴가 지나간다면. 몸이 으깨진다면. 억 소리 한 마디가 이승을 하직하는 마지막 인사가 된다면! 무엇인가 바퀴에 깔리는 느낌을 받을 때, 나는 동시에 내가 깔리는 충격 속에 빠진다. 머리로 상상하기 전에 가슴부터 턱 막힌다. 재빠르게 머릴 흔들며 벗어나려 해도 마음먹은 대로 즉시 되진 않는다.

그러니 길가 풀숲에서 갑자기 차 앞을 향해 뛰어드는 고라니나 너구리나 고양이나 토끼 등을 만나게 될 때, 내 스스로 놀라게 됨은 그들을 염려해서가 아니다. 들이받히거나 바퀴에 깔려 피투성이가 된 채 생을 마감하는 나를 보고 싶지가 않은 것이다.

저녁에서 아침까지

빗소리로 꽉 찬 세상이다. 빗소리 외에는 어떤 소리도 허용되지 않는 땅 위에서 나는 집안에 옴짝달싹 않고 박혀서 비를 바라보며 빗소리에 젖는다. 그 흐름 속에서 전화 벨 소리가 들렸다.

"꼭대기 집이래요."

"예? 꼭대기 어디죠?"

"나물밭집이래요."

"아! 예, 잘 계시지요?"

"예에. 그렇죠 뭐. 그런데 아직 개가 있어요?"

암캐가 발정이 난 모양이었다. 우리 집 진돗개가 간만에 몸을 풀 기회가 찾아왔다. 마침 비가 그치려는지 빗방울이 성글다.

"어이구, 개가 아직 어리네요."

"예 이번이 처음이래요."

데려온 개를 진돗개 집 앞에 말뚝을 박고 묶는 중에도 유진이(진돗개 이름)는 할머니가 데려온 개의 볼록하게 부어오른 거시기를 연신 핥아댄다. 성급하게 올라타 으쌰으쌰 찔러대기도 한다. 하지만 꼬리를 뒷다리 사이에 바짝 붙이고 있는 암컷에겐 쉽게 먹히지 않는다. 붉은 거시기가 옆으로 삐지면서 뒷다리 살 위를 비벼대다가 힘없이 툭 내려앉기를 몇 번. 드디어 뭔 일이 성사되는가 싶으면 암캐가 '깨갱' 소리를 지르며 눌렸던 몸을 빼내는 통에 일은 이뤄지지 않았다.

"들어가서 차 한 잔 하시죠?"

"아녜요. 일이 좀 되면 얼른 데리고 가야죠. 괜히 폐만 끼치는데. 돈도 안 가져왔는데."

하지 않으면 좋을 말까지 덧붙인다. 서로 왕래하는 사이가 아닌 까닭이겠지.

"오늘은 놔뒀다가 내일 데려가시죠?"

'그럼 내일 일찍 오겠다'며 할머닌 걸음을 옮겼다. 흰 머리카락이 뒤덮은 머리가 길을 따라 둥둥 산 위로 오르듯 멀어진다. 13년 전, 내가 이곳에 왔을 때는 검은 머리였는데, 피부도 그런대로 윤이 나는 아줌마였는데.

그치는가 싶었던 비가 기운을 내 다시 내리기 시작했다. 다 내린 게 아니었던 모양이다. 어제도 하루 종일 내렸는데 오늘도 밤새워 내릴 요량인가? 방에 들어와 앉아 빗소리를 듣는다. 개들이 있는 뽕나무 아래는 조용하다. 남의 집 개인데. 밤새워 비를 맞다가 어떻게 되기라도 하면 어쩐다! 다시 나가서 돌담 위에 양철판을 놓고 묵직한 돌 몇 개를 올려놓아 개가 비를 피할 수 있는 공간을 만들어주었다. 두 마리 개는 여전히 뭔가 잘되지 않는 분위기다. 그런 중에도 바짝 붙어 서서 떨어지지 않는다.

비는 끊임없이 내렸다. 어둠이 내리고 밤이 깊어가도 빗속에서 서로 몸을 맞대고 있는 두 마리 개의 모습이 희미하게 보였다.

"끼이잉 끼잉 끼이이잉 끼이잉."

유진이의 소리는 아니다. 좀 더 여린 개가 하염없이 사정하는 소리다. 잠에서 깬 것도 화가 나는데 소리는 그치지 않고 이어져 다시 잠에 빠지질 못하게 막는다. 밖으로 나가서 전등 불빛을 비췄다. 유진인 자신의 집에 들어가 엎드려 있었다. 어린 암캐가 자신도 좀 함께 있게 해달라며 사정을 하는 중이었다. 무섭고 비는 오고 처음 와 본 곳, 괴물 같은 인간까지 있으니 어찌 사정하지 않았을까?

"야 임마, 너 조용히 안 할래?"

막대기를 들고 다가가니 금방이라도 자지러질듯 공포에 젖어 땅바닥에 쫙 엎드린 채 나를 본다. '한 번만 살려주세요.'
어찌하지 못한 채 들어와 이불을 덮었다. 선잠 속에서 '낑낑'대는 개의 소리가 연이어 들려왔으나 일어나지 않았다.
아침에도 비는 그치지 않았다. 하얀 우비를 입은 할머니가 빗속을 걸어왔다. 두 마리 개는 다시 몸을 붙인 채 나란히 서 있었다. 할머니가 묶어놓았던 암캐에게 다가가니, 유진이가 할머니를 향해 무어라 울부짖는다.

"꺼어어 어어어어어 꺼어어엉."

"그래 미안해."

유진이에게 한 마디를 건넨 뒤 개의 끈을 풀어 쥔 할머니가 구름이 오르듯 산 위로 난 길을 향해 발을 옮긴다. 바라보는 유진이의 눈빛을 적시며 비는 그침 없이 내린다. 허연 털에도 목걸이에도 거기에 달린 줄에도 빗방울은 내려 맺혔다 떨어져 흐른다.

집

예초기 돌아가는 소리가 요란하다. 기계음에 밀려 잠을 깨는 날은 짜증부터 난다.

또 어떤 놈인가? 윗집 해동이? 아니면 풀이 자란 꼴을 보지 못하는 서남이네 이 씨?

나가서 확인해볼 사항도 아니고 풀을 깎으면 '깎나보다' 하고 넘어갈 일이어서 이불을 당겨 덮으며 잠을 이어나갔다.

"여기예요. 이쪽으로 오세요."

마당에서 들려오는 소리였다. (울타리가 없어 아무나 마음대로 마당을 들락거릴 수 있다.) 여자 목소리인데, 누굴까? 밑에 집 아주머닌가? 그 목소린 아닌데.

"애애애애애애애애앵 애애애앵 애애애애애애앵-."

예초기 소리가 가깝다. 마당 어디처럼 가깝다. 소리의 크기도 잠을 이어나가기엔 벅차다. 상체를 일으켜 창밖을 보았다. 낯을 든 아주머니가 돌담을 돌아 집 앞으로 나가는 모습이 보였다. 모르는 사람이다. 순간, 뇌리를 스치는 무엇이 있었다. 가만 오늘이 며칠인가? 벌초 하러 왔구나!

"아니 뭔 사람들이 아침에 벌초를 하고 난리야."

"일찍 하고 빨리 가려고 그러나보지."

"아니 그렇게 빨리 가서 뭐하려구?"

"길이 막히니까 그러겠지. 올핸 할머니가 보이질 않네."

"그래? 아프신가? 하긴 이제 그분도 때가 됐겠지."

아내와 말을 주고받으며 헤아려보니 5~6년은 넘게 흘렀다. 그해, 벌초하던 일행 중의 할머니가 마루에 앉아있는 내게 다가오더니 물었다.

"어디서 오셨수?"

"글쎄요. 내가 어디서 왔더라? 나도 잘 모르겠는데요."

"어이구 참 그 양반. ……여기가 내 집인데."

'내 집'이라니? 틀리다고는 할 수 없는 말이지만 왠지 모를 벽이 느껴졌다. 의아한 눈빛으로 바라보니 할머닌 허리를 펴고 서서 집과 마주한 채 움직이지 않았다. 할머니는 그때까지 이 집에 대해 미련을 갖고 있었는지도 모른다. 아니면 지나간 삶에 대한 회한에 젖어 움직일 수 없었는지도 모른다. 할머니처럼 이 집에서 살았다는 사람을 두어 사람 더 만날 수 있었다. 거기에, 마을 주민 가운데 거쳐 간 가구가 세 집이니 이 집도 내력이 만만찮다.

많다는 측면에서 본다면 주위에 무덤들도 많다. 등성이를 살짝 벗어나 지은 집인 까닭에, 위에서 아래로 등성이 따라 죽 늘어선 무덤 다섯이 앞을 막고 있다. 집으로 들어갈 때도 차에서 내려 무덤 옆으로 난 오솔길을 따라 걸어야 한다. 죽은 사람의 집 옆을 지나야 산 사람의 집으로 가게 되어 있다. 따지고 들면 이 세상 무덤 아닌 곳이 어디 있으랴. 산 자체가 커다란 무덤이 아니던가?

나는 둥그런 산에 산다
나무와 밭으로 뒤덮인 산,
숲에서 나온 물줄기는 밭을 가로질러 산 아래 들판으로 흐른다
가끔은 구름이 내 오두막을 감싸기도 한다

내 산엔 산 같은 무덤들이 있다
아버지 어머니도 산에 묻혔다
아버진 말이 없는 분이셨다
얼굴을 본 기억이 없는 어머닌 노래를 잘 부르셨다고 한다

이제 출산 날이 다가온 아내의 배를 보니

무덤을 참 많이도 닮았다

내 첫 시집에 실린 「산」이라는 시다. 무덤에는 죽음과 함께 탄생의 모습이 어려 있다. 죽음이 곧 사라짐이 될 수 없다는 사실은 무덤의 풀을 깎는 사람들의 손길에서도 여지없이 드러난다. 사람은 죽어도 죽지 않는다. 무덤의 풀을 깎는 손길이 보이지 않는다고 해도 이 땅과 저 바람, 구름, 별빛으로 이어지는 집들 속에서 살아가는 사람들까지야 어찌 사라질 수 있겠는가?

호수의 가을

"나 그네 쉼터까지 내려왔다가 집으로 올라가면 하루가 지나가요."

"요즘도 술은 여전하고?"

"흐흐, 쉼터에서 가끔 소주 한 병씩 비우죠."

버스가 오가는 대로변에 강을 바라보며 자리를 잡은 쉼터를 뒤로 하고 얼큰하게 달아오르는 몸을 허적허적 흔들며 다리를 건너 강변을 따라 산길을 타고 집으로 올라가는 호수의 모습이 어렵지 않게 잡혔다. 그가 사는 가재골은 강변을 따라 솟아있는 산의 옆구리를 깎아내 만든 산길을 타고가다 접어드는 골짜기다. 다리가 놓이기 전까지는 산을 넘어 다녔다고 하는데, 육이오 전쟁도 다 끝난 뒤에야 주민들이 알았다고 한다.

폭이 좁은 골짜기라 해도 포장도로가 깔려있어 외부에서 들어가는 사람들이 하나 둘 늘어나는 지역이다. 들어온 사람들이 집을 짓는 곳에 찾아가 도와주기도 하고 마을 얘기도 들려주면서 주인이 따라주는 술을 먹다 보면 시간은 헐겁기도 해서 호수의 하루는 이래저래 뚝딱 지나간다.

그는 초등학교를 마치고 집을 떠나 이발소에서 손님 머리 씻겨주는 일로 사회생활을 시작해, 안양에서 개수대 만드는 공장에서 일하다가 다시 시골로 들어왔다. 벌어놓은 천만 원도 어머니 병원비로 나가고 함께 살던 형도 사고로 죽은 뒤, 홀어머니 옆에서 그럭저럭 나이를 먹다 보니 사십 대 중반에 이르렀다. 이젠 무엇을 더 어찌할 생각도 없다.

앞니도 몇 개 빠지고 얼굴에 주름은 또 왜 그렇게 느는지, 마음이 허허로운 날들이 이어져 마을길을 따라 골짜기라도 빠져나갔다가 와야 그나마 하루가 온전히 지나간다. 골짜기 밖의 강가로 내려오면 외부와 연결되는 다리가 누워 있다. 외지 생활을 정리하고 돌아왔을 때 찾아온 한 여자가 있었다. 다리 위에서 돌려세워 보냈으나 마음까지 끊지는 못했는지, 15년이 지난 지금도 가슴이 아리다. 눈 감고 받아들여 허름한 집일망정 함께 살았다면 지금은 웬만큼 큰 아이도 있었을 텐데. 돌아서 가던 사람의 뒷모습이 왜 이리 지금까지 아련한가?

소주 한 병 비우고 집으로 들어가는 길이 나쁘진 않지만 꼭

들어가야 해서 가는 집도 아니니 발걸음을 빨리 할 이유가 없다. 누군가의 집에서 부른다면 언제라도 선뜻 찾아가 술을 마시며 지새우는 밤이 그나마 재밌는 시간이다. 근데 마시다 보면 정신이 아롱아롱, 길옆 계곡에 굴러 떨어져 병원에 실려 간 적도 여러 번이다. 한 번은 계곡의 뾰족돌 위로 떨어져 다리뼈가 부러져 쇠토막을 박았다.

먹을 채소나 텃밭에서 기르는 삶이고 보니 다리병신이 됐다한들 무엇이 어쨌다는 것이냐. 정부에서 나오는 십 몇 만원 가지고 어머니와 살아도 살아지긴 살아졌다. 다리를 제대로 못쓰니 장애인 판정을 받을 수 있는 방법이 뭐 없겠냐며 찾아왔을 때, 함께 소주잔을 기울이며 나는 별다른 말을 하지 않았다. 그런 생각은 아예 하질 말라 말하고 싶었으나, 도와주진 못할망정 마음에 대못을 박진 말라고 했으니 그저 소주잔을 부딪치는 수밖엔.

내가 이곳에 처음 발을 디뎠을 땐 20~30분이 걸리는 버스를 타고 찾아와 집을 고치는 내 옆에서 술을 마시다 취해서 고래고래 고함을 지르며 밤에 잠을 자지도 못하게 했다. 깡마른 작은 몸이어서 홧김에 번쩍 들어 마당가 모래더미 위에 내던지며 '잠을 자겐 해줘야 할 거 아니냐고 고함을 질렀더니, 멀끔히 바라보다 일어나 앉아 살아온 지난날들을 자근자근 얘기했다.

배우지도 못했고 가진 돈도 없고 뭘 하고자 하는 의지도 없다. 하루하루가 흐르는 걸 멈춰 세우지 못해 나이만 먹은 세월 앞에서 호수는 이제 이름 그대로 잔잔한 물결이라도 될 것인가?

옥동의 식당에 함께 나가 자장면을 시켜서, 먹으라고 하니 웬일로 꾸역꾸역 잘도 먹는다. 이제껏 무엇 하나 훌훌 먹는 모습을 보지 못했었다. 자장면 집을 나오는 즉시 나를 앞질러 걸어가 통닭집에 들러 닭을 시키고선 먹지도 않은 닭값을 서둘러 먼저 낸다. 어디서 돈이 좀 난 모양이다. 뻔한 생활 속에서도 어쩌다 여윳돈이 몇 만 원이라도 생기면 술값 음식값을 먼저 내고야 만다.

그나저나 다행이다. 오늘은 맥주 한 모금에 닭고기 한 점, 또 맥주 한 모금에 닭고기 한 점. 술만 먹던 호수가 안주를 먹기 시작했다. 불현듯 가을이 왔다.

손

읍내에 나갔다가 밤11시가 넘어서야 집에 돌아와 급히 배추밭에 가보니 배추들이 얼은 채 굳어있다. 포장으로 덮고 방으로 들어오니 겨울 속에 있음을 인정하지 않을 도리가 없다. 지난가을은 오는지도 모르게 오고 가는지도 모르게 갔다. **빠른** 흐름 가운데서도 세상은 시끄러웠다. 유별나게 많이 오가던 쥐 이야기보다도 내 시선을 오래 붙잡았던 한 장면이 있다. 아마도 지금은 사람들의 뇌리에서 잊혔을 사진의 모습이다.

  아버지와 아들이 다리 위에서 뛰어내려 자살을 했다는 기사와 함께 실린 사진 한 장. 난간을 넘어간 아버지와 아들이 막 뛰어내리기 직전의 모습이었다. 방범 카메라에 찍힌 모습이어서 선명하진 않지만 형체만큼은 분명하게 잡혔다. 사진에서 유난히 내 시선을 잡은 것은 손 하나였다.

아버지로 보이는 사람은 똑바로 서 있었고 아들로 보이는 아이는 비스듬히 다리 쪽으로 상체가 기운 상태였다. 기울어진 상체 한편에 난간을 붙잡은 손이 보였다. 난간 너머로 팔을 뻗어내려 밑부분을 꽉 잡은 손 하나.

대학에서 아동발달이라는 과목을 수강할 때, 아기가 무엇인가를 꽉 잡고 있는 사진을 찍어오라는 과제물이 있었다. 금방 태어난 아기도 손에 무엇인가 닿으면 꽉 붙잡는다. 살기 위한 본능적 행동이다.

초등학교 6학년이었다는 아이의 모습은 본능적인 행동으로 보였다. 살기 위해 잡을 수 있는 걸 잡은 상태였다. 아버지가 함께 죽자고 했을 때 아이도 동의했는지 어쨌는지는 알 수 없다. 다만 죽음이 눈앞에 다가온 그 순간, 아이는 죽고 싶지 않았다. 살려고 본능적인 행동을 취했다. 그러나 결과적으로는 죽었다. 어떻게 죽었을까?

인터넷신문기사엔 아들이 먼저 물속으로 뛰어내리고 아버지가 뒤를 따랐다고 적혀 있었다. 기사의 내용이 어떠하든, 아들이 잡았던 손을 스스로 놓은 것 같지는 않다. 먼저 가신 엄마가 부르는 소리를 들었다 해도 아들은 끝끝내 놓지 않았을 것이다. 생명체는 목숨을 유지하기 위한 장치를 유전자라는 형식으로 구축해 놓았다. 인간은 살기 위해 자신의 모든 걸 내던지게끔 설계되어 있다. 그렇기에 자살도 살기 위한 몸부림일 뿐이다.

요즈음 죽는 사람들은, 생활고를 견디지 못한 경우가 많다. 자랄 때는 물론이고 다 커서까지 뒷바라지를 하여 사회 내에서 웬만큼 자리를 잡을 때까지, 이 나라의 아이들은 전적으로 부모의 손에 좌우되는 삶을 살고 있다. 부모가 없이는 제대로 자라나기도 어려울 뿐더러 사회생활을 하면서 자신의 위치를 확보해나가는 데도 불리하기 짝이 없다. 사회가 부모를 대신하여 아이를 키울 수 있는 제도적 장치 또한 미미하기만 하다. 그러니 아이를 데리고 죽는 사람들을 욕하기 어렵다. 죽으려면 자신만 죽지 왜 아이까지 생으로 죽이냐고 탓하기가 쉽지 않다. 부모의 손에 이끌려 죽어간 아이들의 얘기가 더욱 쓸쓸한 여운을 남기는 까닭이다.

세계 최고의 자살률을 가진 나라이건만, 대책을 얘기하는 사람들은 많지 않고 정부 차원에서는 아예 신경조차 쓰지 않는 분위기다. 아이를 낳지 않는다며 말을 높이면서도 죽어가는 아이들은 바라보지 않는다.

어쩌면 이 사회 내의 인구는 너무 많은지도 모른다. 인간이 인간을 존중하지 않는 사회에선 하나의 자식도 많다. 가진 이들만 인간답게 살 수 있는 권리를 가진 사회가 무너지지 않는다면 슬픈 일이다.

 난간을 놓지 않고 있던 아이는 지금은 사람이 아니다. 따라서 아이도 아니다. 한때 사람이었고, 인간사회의 어린아이였던 존재. 지금은 산산이 흩어져 이 세상 천지간으로 나아간 사람. 지금 내가 숨 쉬고 있는 이 공기 중의 한 알갱이라도 어쩌면 그 아이의 몸일 수가 있겠다. 잘 자라는 말도 할 수가 없다. 내가 지금 할 수 있는 일이라곤 살고자 하는 아이를 죽인 사람이 과연 누구일까에 대해 생각하는 일이다.

 온난화로 겨울이 없어질지도 모른다는데, 해가 갈수록 겨울은 점점 더 춥다.

옅은 안개가 깔린 날 오후

다가오는 소리가 있다. 긴장하며 귀를 기울인다. 발밑으로 파고드는 소리인가 하여 발 주위를 살폈으나 이상이 없다. 고개 들어 앞을 막아선 나뭇가지들을 보았다. 소나무를 타고 올라간 다래넝쿨에서 나뭇잎이 떨어진다. 노란빛의 얼굴에 검버섯 핀 노인이 땅으로 떨어진다. 소나무 가지 위로 머리를 치켜들었던 다래넝쿨이 하늘은 기어이 거머쥐지 못한 채 몸을 흔든다. 어깨 위로도 툭 나뭇잎이 떨어진다. 머리 위를 바라보니 하늘을 가렸던 나뭇잎들이 어느새 자리를 비우며 하늘길을 열었다.

다시 한 번 바람이 불자 느릅나무 가지에서 잎이 우우수수 떨어진다. 가지는 힘이 없다. 하늘을 찌를 듯 뻗던 기운이 사라졌다. 건듯 건듯 바람이 분다. 나뭇잎들이 땅에 닿는 소리가 들릴 듯 말 듯 들린다. '트, 티, 투, 다, 트, 틋' 슬쩍 다가오는 바람의 힘조차 이기지 못하고 떨어지는 낙엽의 소리가 나를 흔든다. 가슴이 철렁 내려앉는다. 이 작은 소리에 가슴이 내려앉다니!

느릅나무 밑에 놓아두었던 빈 벌통에 들어온 벌들의 날갯짓은 힘차다. 꿀과 화분을 모아들일 날이 얼마 남지 않았으니 부지런히 일을 해야 하겠지. 올 겨울을 날 수 있다면 그것만으로도 천만다행인 벌들이다.

작년까지만 해도 20통이 넘던 토종벌은 올 봄의 추위와 애벌레가 썩는 전염병과 말벌과 서양벌들의 침입 등으로 인해 한 통도 남아나지 않았다. 벌통을 치우기도 귀찮아서 그대로 놔두었는데 그 중 하나인 느릅나무 아래 벌통으로 벌들이 드나드는 걸 며칠 전에 발견했다. 가을로 접어들면서 어디선가 날아들었다. 그나저나 아무리 보아도 겨울을 나긴 힘들 것 같다. 병이 더 이상 돌지 않고 말벌의 공격도 없고 양벌들로부터 도둑질을 당하지 않는다 해도 겨울을 날 수 있는 양식을 모으는 기간이 너무 짧다. 꿀이 풍족한 상태라면 또 모른다. 그러나 그렇지도 않다. 날씨는 여전히 햇살 쨍쨍한 날을 만나기가 어렵다.

가만, 이렇게 서있을 때가 아니지. 집 뒤 들깨 밭으로 가보

앉다. 잎이 누릿누릿하고 꼬투리가 거무튀튀하게 변해가는 것이 여기저기 보였다. 베야 될 시기가 다가왔다. 당장 베어도 상관이 없는 상황이다. 헛간의 낫을 들고 도랑으로 가서 숫돌에 갈았다. 갈다 보니 낫자루가 삐거덕 흔들린다. 고정 못 두 개 중에 하나가 빠졌다. 수리를 하다 보니, 오늘 당장 할 일은 끝물고추 따기라는 생각이 든다. 하루라도 빨리 비닐하우스에 넣어 말려야 한다. 날이 더 추워지면 비닐하우스 안이라고 해도 잘 마르지 않는다. 허옇게 변색되는 현상을 막기 위해, 따고서도 이삼 일 뒤에 널어야 하기 때문에 시간이 많지 않다. 이젠 언제 된서리가 내릴지 모른다. 된서리가 내린 그날부턴 겨울이다.

구름이 낀 하늘은 미간을 잔뜩 찡그린 얼굴이다. 박무가 자욱이 깔린 산과 산 사이에서 새도 좀체 날아오르지 못한다. 집 앞 길에 차가 멈추는 소리까지 둔탁하게 들렸다. 차에서 내린 두 사람을 보고 개들이 짖었다. 두 사람은 길 밑 호두나무 아래를 향해 내려갔다. 호두를 따는 모습이 눈에 잡혔다.

"저기요. 그거 임자가 있는 겁니다."

한 마디 했으나 두 남자는 미안한 기색도 없이 손에 닿는 호두 몇 개를 더 딴 뒤에 천천히 길 위로 올라온다.

서둘러 고추 따기에 들어갔다. 다행인지 뭔지, 딸 고추가 얼마 되지 않았다. 짓무르고 벌레 먹고, 그런 저런 고추들을 제

하니 익은 놈들이 별로 없다. 그런 중에도 시간은 어김없이 흘러 고추를 다 따 갈 때는 어둠이 옅은 안개 속으로 스며들고 있었다. 서둘러 고추밭 아래 호두나무 밑을 살펴 떨어진 알을 주웠다. 길 아래로도 내려가 보았으나 눈에 띈 호두는 한 알 뿐이었다. 아무래도 길에 너무 가깝게 심은 모양이다.

  연탄불을 갈고 나니 사방은 이미 깜깜하다. 중학교 1학년에 다니는 아들의 소형 전등불빛이 어둠을 뚫으며 집으로 다가오고 있었다.

새 두 마리

1. 버스 안에서

영월행 버스를 탔다. 구불구불 길을 따라 흐르는 강줄기에 눈길을 주고 앉았는데 뒷좌석에서 새소리가 들린다. 버스 안에 무슨 새소린가? 흘깃 뒤를 바라보니 남쪽나라 어딘가에서 온 사람임이 분명한 여자 둘이 앉아 쉬지 않고 무슨 얘긴가를 주고받고 있다. 얼른 눈길을 원위치로 돌리고 두 사람의 소리에 귀를 기울였다. 입안에서 구르며 밖으로 나오는 소리는 내 귀에 닿는 동안에도 동그라미 울림을 멈추지 않았다. 또르륵 방울처럼 구르는 소리들이 내 귀를 즐겁게 했다.

결혼이란 제도를 통해 왔건 또 다른 어떤 사연을 간직했건,

남쪽의 먼 나라로부터 날아온 새 두 마리가 버스 안을 가볍게 날아다니며 지저귀는 한낮의 버스 안에 내가 있었다. 휘휘 휘 늘어지며 흐르는 남한강도 어느 때보다 여유롭게 반짝이며 흘렀다. 구르는 버스가 오늘 따라 가볍게 가볍게 날아가는 듯 나아갔다.

2. 기차 안에서

정선에 갔다가 오는 길. 집으로 돌아가는 부부와 두 아이가 있었다. 기차를 타기 전, 역전의 소나무와 안내판 앞에서 아이들을 안고 사진을 찍는 모습을 보았었다. 아이들은 쌍둥이가 분명해보였다. 서너 살쯤 됐을까? 뛰는 동작이 구르는 모습으로 다가오는 아이들이었다. 마냥 웃기만 하는 얼굴과 '헤헤헤헤' 웃음소리가 객차 안을 날아다녔다.

한 애는 엄마 품, 한 애는 아빠 품에 안겨 재재거리던 아이들이 입을 맞춰 노래를 불렀다. "……아빠 곰 엄마 곰 애기 곰, 아빠 곰은 뚱뚱해, 엄마 곰은 날씬해……."

새 두 마리가 지저귀고 있었다. 떼구르 떼구르 구르는 소리가 듣기 좋았다. 어둠이 내리는 차창 밖으로 눈길을 두고 새소리를 들었다. 스쳐가는 강물과 산등성이 위로 작은 새들이 날고 있었다.

"애들 조용히 좀 시키세요. 잠을 못 자겠네."

피곤해서 잠이 들고 싶은 사람이 있었던 모양이다. 아주머니의 날카로운 소리가 아이들의 노래를 끊었다.

"뭐가 시끄럽다고 그래요. 아직 잘 시간도 아니구만."

아이들의 아빠가 아이를 끌어안으며 대꾸했다.

새 두 마리가 지저귀며 일으키던 가벼운 공기가 무겁게 내려앉으며, 객차 안은 희뿌연 스모그가 가득한 도시의 어느 골목길로 다가왔다. 어느새 짙어진 창밖의 어둠이 객차 안으로 파고들었다. 아이들의 노래는 더 이상 울려나오지 않았다. 열차바퀴가 굴러가는 소리와 객차의 연결 부위에서 빠져나오는 삐거덕거림만이 뿌연 실내등 빛 속에서 맴돌며 사람들 머리와 어깨 위로 내려앉고 있었다.

3. 집에서

아들이 앵무새를 기르고 싶다고 말했을 때 아내와 나는 반대했다. 창밖을 바라보기만 해도 새들이 무시로 날아다니는 걸 볼 수 있는데 굳이 새를 기를 필요가 있느냐는 것이 아내와 나의 생각이었다. 하늘을 날아다니는 새들이 집 주위에 널

렸으니 그냥 바라보면 좋지 않겠냐며 아들을 설득했다. 새들은 저렇게 날아다니며 살아야 한다고, 엄마 아빠는 방안에서 동물을 키우는 걸 좋아하지 않는다고, 살아있는 짐승을 돌본다는 게 생각처럼 쉬운 일도 아니라며 누누이 말했으나 아들의 생각은 변하지 않았다.

새 두 마리가 거의 비워둔 상태로 있었던 뒷방을 차지했다. 아들은 학교 가기 전에 뒷방에 들러서 새들을 보고, 학교 갔다가 와서 또 보곤 한다. 새들을 보며 한 시간이 넘게 있기도 한다. 방문을 닫고 새장 속의 새를 꺼내 손 위에 놓고 모이를 먹이기도 한다. 택배로 배달된 지 보름 정도가 지나가자, 새장 바닥 구석에 머리를 박고 '깨개개깨' 투박한 소리를 내며 사람을 피하던 노란 암컷도, 홰에 앉아 파란 수컷과 함께 놀면서 정상적인 모습을 보였다. 아이는 새장 속에 그네를 만들어 주기도 하고 바닥에서 홰까지 오르내리는 줄을 매어주기도 했다.

새의 소리가 들린다. 새장을 벗어나 방을 벗어나 마당까지. 앵무새 한 쌍의 소리가 미칠 수 있는 세계 속에 나도 있다.

까마귀의 아침

까욱- 깍- 까- 까- 까아-.
 까마귀가 왔다. 전봇대 꼭대기에 앉아 산 아래를 보고 짖는다. 꼬리날개까지 들썩이며 온 힘으로 짖는다.
 까- 까- 깍- 까욱-.
 '여기는 내 세상'이니 그리 알라구?
 해마다 가을이 깊어져 겨울이 가까이 보일 무렵, 까만 모습을 불쑥 드러내며 자신의 세상임을 알린다. 산중 마을에서도 가장 높은 전봇대와 이동통신 송수신 안테나에 올라앉아 내가 이곳의 주인이라고 외친다. 혹시 잊은 사람이라도 있을까, 기억을 되살려주겠다는 듯 온몸으로 우짖는다.
 목소리가 걸쭉하고 투박하기 때문일까? 내가 듣기에도 좋은 소리는 아니다. 저승사자의 옷차림을 닮아서일까? 온통 새까만 게 예쁘게 보이지도 않는다. 그렇다고 등성이 너머에 사는 기동이 어머니가 까마귀에게 침을 뱉는 행동이 썩 마음에 든다는 얘기를 하려는 건 아니다. 몇 년 전에도 똑같은 일이 벌어졌다. 그때 쓴 시가 있다.

    내가 사는 마을은 산 중턱에 있어 산 아래 골짜기를 가득 메운 운무의 바다를 바라보는 일이 많다 햇살이 동산에서 비치기 시작하면 운무는 꾸물럭꾸물럭 제 몸을 흐트러뜨리며 산 위로 오른다
    오늘도 막 그때다 마을 가운데 있는 삼거리 전봇대 위에서 까마귀 한 마리가 요란하게 짖어댔다 깍깍깍깍 마침 밭으로 나가던 기동이네 아주머니가 전봇대 아래서 발을 멈췄다(아주머니는 까마귀를 나쁜 새라고 생각한다 요즘따라 웬 까마귀가 이리 많은지 아침마다 까마귀 소리로 시끄러웠다)
    고개를 젖히고 까마귀를 바라보며 무슨 생각을 하였던 것일까 아주머니가 침을 뱉듯 말을 뱉었다 퉤퉤퉤퉤
    햇살은 노란빛의 맑은 모습으로 사람의 집과 밭과 숲을 비추고 있고 산 아래 골짜기에서 올라오는 운무의 갈기갈기 찢어진 몸은 산등성이를 타고 봉우리로 향하는데
    깍깍깍깍 퉤퉤퉤퉤
    깍깍깍깍 퉤퉤퉤퉤

까마귀는 땅을 보며 짖어대고 아주머니는 하늘을 향해 말을 뱉는다
- 「아침」 전문

의자 하나도 날짜를 택해 집안에 들여놓는 아주머니다. 옛날서부터 내려오는 말들을 지금도 철저하게 지킨다. 까마귀 소리를 아침에 들으면 되받아 돌려주라고 들었는지는 몰라도 아주머니는 전봇대의 까마귀와 한바탕 싸움을 벌이곤 밭으로 올라간다.

그러저러하게 내려오는 얘기들에 귀를 기울이지 않는 내가 보기엔 재미있는 광경이다. 둘의 모습 위로 아침 해가 떠오르며 세상을 환하게 비추는 장면을 보고 있자니 아침이 또 다른 아침을 여는 모습으로 다가왔다. 어둠의 끝에서 빛이 퍼지는 모습이 아침이라면 까마귀의 깍깍깍깍 울음소리를 받고 퉤퉤 퉤퉤 침을 뱉는 소리를 전해주는 모습 또한 아침이었다. 아침은 무엇인가의 움직임에 또 다른 무엇인가가 반응하는 모습이다. 사랑의 눈빛 같은 것, 물안개는 하늘로 오르고 비는 내리는 것, 낙엽이 지고 새싹이 돋는다는 것, 아침은 고요한 가운데 일렁인다.

까악- 끄아악- 꺼어억-. 스스로 마을의 가장 높은 어른이라고 외치는 까마귀들이 다시 왔다. 아니라고 너희들은 어른이 아니라고, 내가 이곳의 주인이라고, 까불지 말라고, 재수

없으니 꺼져버리라고, 퉤퉤퉤퉤 침을 뱉는 소리를 던지며 아주머니는 까마귀를 맞이한다. 침을 뱉으며 욕을 하는 모습을 바라보고 있자니 왠지 웃음이 나온다. 까마귀도 그리 기분 나쁘거나 놀라는 기색이 아니다. 사람이 어찌하거나 말거나 깍- 까- 까- 깍- 자신의 소리로 아침의 세상을 채우며 떠오르는 해를 맞이한다. 호탕한 자세로 아침을 맞을 줄 아는 새, 정녕 검다고 말할 수 있는 새.

봄을 바라보며 깊어가는 늦가을 풍경 넷

하나.

잎 이 땅에 찰싹 달라붙은 냉이를 아내가 캐어 국을 끓였다. 콩고물을 입혀서 된장을 풀어 끓여낸 국을 먹으며 봄을 생각한다. 냉이는 이미 겨울을 날 준비를 마친 상태다. 납작 땅에 잎을 붙이고 뿌리는 밑으로 쭉 뻗었다. 어떤 추위가 와도 견딜 수 있다는 강한 의지가 냉이의 갈색빛 감도는 푸르름에 담겨 있다. 무엇도 냉이의 저 단단한 각오를 꺾을 수는 없을 것이다. 냉이의 기운은 겨울보다 차갑다.

둘.

심은 지 십여 일 지났을까? 밀싹이 흙을 뚫고 올라왔다. 뾰족뾰족 가느다란 푸르름이 하늘을 찌른다. 밀을 심고 싶은 마음이 싹튼 지도 3~4년 정도 된다. 바람에 일렁이는 밀을 보고 싶었다. 단 한 줌이라도 수확을 해서 직접 빻아 수제비라도 해먹고 싶었다. 하이얀 밀가루가 아닌 누르죽죽한 밀가루를 만나 그 맛을 보고 싶었다. 겨울을 이겨내고 기지개를 켜며 일어나는 밀의 푸르름을 바라보면 왠지 더 살고 싶어질 수도 있겠다는 생각이 들었다. 마침, 가깝게 지내는 사람이 작년에 밀씨를 얻어 심어 올해 수확을 했다는 얘기를 들었다. '나도 심고 싶은데 씨앗 조금만 주지.' 주저 없이 한 얘기가 이 늦은 가을에 새싹을 볼 수 있게 만들었다.

내년에 수확을 하게 된다면 밭 한 떼기 정도는 밀밭으로 만들 씨앗을 얻을 수 있게 될 것이다. 밀싹 옆의 빈 밭을 바라보니 밀대의 푸른 물결이 넘실거린다.

셋.

추위에 밀려 방에 들여놓은 차나무에 꽃이 피었다. 머리를 숙여 바라보니 은은한 향내가 코를 간질인다. 여름을 거치면서 허연 꽃망울이 가지마다 방울방울 맺히더니 방에 들여놓은 며칠 뒤부터 꽃을 피우기 시작했다. 노란 수술들이 고개 숙인 꽃 안에서 활짝 웃고 있지만 벌이나 나비는커녕 파리 한 마리도 보이지 않는다.

3년 전이었다. 차박물관에 가서 다기 구경도 하고 설명도 듣고 따라주는 차도 한 잔 마신 뒤, 지역 예술인 초청 행사를 했을 때 찾아온 사람들에게 나눠주고 남은 거라며 관장이 건네준, 손바닥만 한 화분에 심겨진 차나무 한 그루를 가져왔다. 좀 더 큰 화분에 옮겨 심고 작년 겨울을 방에서 보살폈더니 올해 봄부터 쭉쭉 몸을 키워 제법 나무다운 형태를 갖추었다. 갓난아기에서 아장아장 걷는 아이가 됐다고 할까?

꽃은 조용한 가운데 스스로 피었다가 스스로 진다. 외롭다고 해야 하나, 쓸쓸하다고 해야 하나. 꽃을 피운 나무에 그 어떤 곤충 한 마리도 날아들지 않으니 보는 내가 처량하다. 그런 중에도 피었던 꽃은 떨어지고 새로운 꽃이 피어난다. 어쩌랴, 푸르뎅뎅한 잎은 냉랭하여 표정을 읽을 수 없고 활기 또한 느껴지지 않는다. 때와 장소를 잘못 만났으니, 꽃이 예쁜들 무슨 소용인가? 피고 또 핀들 무슨 소용인가? 다만, 조용하고 쓸쓸한 가운데 피고 지는 것이 너뿐만이 아님을 생각할 뿐이다.

●
넷.

 가을밤이 깊어가니 고라니의 울음소리가 붉게 다가온다. 늦게 잠자리에 드는 나의 이불 속까지 파고들며 마음을 흔든다. 어둠을 갈가리 찢는 한편, 더욱 깊은 어둠의 수렁 속으로 밤을 끌고 가며 고라니는 운다. 골짜기 깊은 곳에서 울다가 울다가 내가 사는 집 근처까지 와서 '케엑 캑 캐액' 울다가 집 앞 도로에까지 와서 울다가 산 아래로 내려가며 울다가 다시 골짜기 쪽으로 방향을 틀어 내려가며 운다. 어둠까지 붉게 물들이며 온 밤내 울면서 산속을 헤매는 고라니 앞에 쌓이고 쌓인 어둠의 높이는 얼마쯤일까?
 이윽고 제 짝을 찾았는지 고요해지자, 맞은편 산 어디에서 아련히 들려오는 또 다른 울음소리가 있어, 가을밤은 겨울 너머를 훔쳐보며 머뭇머뭇 발을 옮기질 못한다.

조급한 마음을 넘어서

입구를 박음질한 사료 포대의 실을 풀어 세워놓았더니, 넘어져 알갱이들이 땅바닥에 쏟아졌다. 겉에 것은 두 손으로 슬슬 쓸어 모아서 담았으나 땅바닥에 깔린 알갱이들은 손으로 한 알 두 알 집어서 그릇에 담아 포대에 넣는 수밖에는 달리 어떻게 할 방법이 보이지 않았다. 쓱쓱 빗자루로 쓸어서 개에게 줄 수도 있었으나 흙범벅이 된 사료를 준다는 게 마음에 걸렸다. 그래도 먹는 음식인데 흙과 뒤섞인 걸 줄 수야 없었다.

참, 손만 한 도구가 없다. 콩알 같은 사료를 한 알 한 알 주워서 그릇에 담는 일에 알맞은 도구가 있었던가? 손의 예민한 감각과 정교한 움직임에 스스로 놀라워하는 시간도 잠깐, 뭔가? 생각 이상으로 넓다. 수북하게 쌓였던 곳만 언뜻 보았는데 쓰러지며 튕겨나간 알갱이들도 외면하지 않고 줍다 보니 작업 반경이 의외로 넓다. 반경 20~30㎝ 정도로 보이더니 배는 됨 직하다. 주워도 주워도 좀체 주운 티가 나지 않는다. 금방 하기가 싫어진다. 이걸 계속 주워야 하나 말아야 하나? 빗자루로 쓸어 담아서 넓은 그릇에 주면 개가 알아서 골라먹지 않을까? 개야 흙 좀 먹는다고 뭐 어떨까? 고기를 주면 땅바닥에 굴리며 흙을 무슨 양념장인듯 발라 먹지 않던가? 줍지 않으려는 쪽으로 움직이는 마음이 맘에 들지 않아서인지, 줄어들지 않는 흙 위의 사료에 대해 조급증이 발현된 것인지, 가슴이 답답해지기 시작한다.

김을 맬 때의 마음이 꼭 그랬다. 호미질을 하여 풀을 뿌리째 캐어내 땡볕에 말라죽게 만들며 나아가는 일은 쉽게 진척이 되질 않았다. 해도 해도 눈앞은 여전히 푸르른 풀밭이었다. 등 뒤를 보면 지나온 흔적은 왜 그리 작은지. 햇살은 노랫말처럼 '쨍쨍' 내리쪼이며 나를 놀리고 땀은 자꾸만 눈으로 파고들며 앞을 막았다. 한 고랑을 어찌어찌 끝까지 나가봐도 손을 안 댄 고랑이 많기도 많아서 좁은 밭이 벌판처럼 다가왔다. 가슴에 울화통이 치밀었다. 쪼그리고 앉은 상태에서 허리는 아프고 다리는 쑤시고, 그만 철퍼덕 주저앉아 땅을 헤집으며 노는 듯 하면서 호미질을 하다 보면 시간은 바삐 흐르는데 김을 매야 할 밭은 푸르고 푸르러, 두 손 두 발 다 들고 항복을 하며 밭을 벗어나고 싶었다.

그때 내 곁엔 아내가 있었다. 텃밭을 일구는 정도로 규모를 줄여, 농사를 짓는다고 얘기하기도 머시기한 상황이 되면서는 그예 김을 매는 건 아내의 일로 넘겼다. 아낸 김매는 게 그리 어렵지 않다고 하니 그나마 다행이었다.

사료를 한 알 한 알 줍는 일은 김을 매는 일과 같았다. 내가 어눌하게 일을 처리하다 일어난 일이니 누굴 시킬 수도 없고 그 무엇을 탓할 수도 없었다. 그냥 놔두거나 쓸어서 버릴 수도 있으나 그런 짓은 '인생 그만 살겠다' 말하는 거나 다름이 없다고 나는 생각한다. 가슴 안에서 무엇인가 부풀어 올라 폭발한다고 해도 해야 할 일은 해야 한다.

숨을 깊이 마셨다가 내쉬며 생각한다. 세상에 '짝' 한순간에 곧바로 이뤄지는 일이 어디 있으랴! 꿈에서나 이루어질 수 있는 일을 현실에서 이룰 수 있다고 믿으며 나는 살아온 것일까? 빨리 한다고 하는 일이 사실은 과정을 건너뛰며 대충 눈가림으로 넘어가는 짓이 아니던가? 대개의 일들은 같은 조건이라면 그 나름대로 걸리는 시간과 작업량이 정해져 있다. 거칠 것 다 거치면서도 빨리 되는 일은 생각처럼 흔하지 않다. 적정 시간보다 빠르게, 일부의 작업과정을 빠트리며 일을 처리한다면 부실과 부작용이 뒤따르는 건 당연하다. 그걸 또 외면하고 싶었던가?

 나아간다는 생각도 없이 가다 보면 어느새 김을 맨 부분이 남아 있는 땅보다 넓어져 있음을 보게 되곤 했던 기억을 나는 갖고 있다. 그러면서도 시시때때 조급증을 보이고 있으니 나도 가야 할 길이 먼 인간이다.

 천천히 가야 한다. 지나온 길을 확인하는 버릇도 가야 할 길을 재어보는 버릇도 버리고, 목적한 만큼 이루지 못했다 해도 발길을 멈추지 않으니 됐다고 말할 수 있는 삶. 그 길을 가야겠다.

겨울, 보름달빛, 훤하다

푸르름이 떨어진 나무와 풀과 넝쿨들 사이로 수많은 길들이 열렸다. 그 위로 보름달이 떴다. 잎을 떨군 나뭇가지 사이, 풀줄기 사이, 넝쿨들 사이에 달빛이 꽉꽉 찼다. 가만히 바라보고 있으니 내 갈비뼈 사이사이로도 파고들며 온몸을 휘감는다. 야행성 동물들도 오늘은 나무 아래에 앉아 잠을 잘 것만 같다.

이렇게 넓었구나! 나뭇잎이 차지했던 자리가 넓다. 가려졌던 공간이 트이니 세상이 배는 넓어졌다. 훤하다. 가지와 가지 사이로 내려온 달빛이 나를 붙든다. 집에서 숲으로 통하는 길도 열렸다. 나무를 타고 오른 덩굴에 가려 보이지 않던 앞산도 등성이를 드러냈다. 집도 환해졌다. 마루에 늘어놨던 물건들이 지저분하게 보인다. 어지럽게 널려있는 콩과 호두, 산초열매를 치우고, 신문이며 학습지 같은 것들을 담아 귀퉁이에 두었던 종이상자도 창고로 옮겼다. 아무렇게나 굴러다니는 톱과 망치와 막대기 등도 제 위치를 찾아주었다. 지난봄, 비닐봉지에 넣어 마루 밑에 두었던 털신과 등산화를 꺼내고 마루 앞에 뒹구는 고무신과 여름용 신발을 대신 넣어두었다. 비로소 마루도 훤해졌다.

지난봄부터 겨울이 오기까지, 나무들의 잎에 둘러싸여 지내며 나는 편안했던가? 달빛 아래에 서니 세상과 다투며 불화했던 날들이 뚜렷이 보인다.

어둠이 내리기 전엔 집 앞 묵밭에 떼로 날아온 새들이 시끄럽게 울었다. 작은 새들이었다. 나뭇잎 속에 들면 보이지 않던 새. 나뭇잎 하나로 몸을 가렸던 새들도 하늘 아래 제 모습 하나 숨길 곳이 만만찮은 시절이다. 그래서 그런 것인지 새들은 떠들었다. 떠들어 자신을 드러냈다. 감추기 힘들 때 숨으려 함은 오히려 드러냄만 못하다는 걸 내게 알려 주려고나 하는 듯 소란스러웠다.

하늘을 다시 보니 키 큰 나무의 가지 몇 개 가로지른 공간이 조금 전보다 넓고 높다. 잎이 푸르던 계절엔 하늘도 뭉텅뭉텅 가려진 곳에서 살았던 나날이었다. 그래서 편안했던가?

벌거숭이로 드러나는 나를 바라보아야 하는 겨울이다. 무엇인가에 싸여서 편안한 상태가 이어진다면 그대로 한 세상 보낸다 해도 좋겠다. 그러나 세상은 나를 편안한 상태로 놓아두질 않는다. 어떻게든 나와 내 주위를 흔든다. 내 스스로도 나와 나를 둘러싼 것들을 변화시킨다.

앞을 막았던 푸르름이 사라지니 달빛도 넓어진 세상만큼 밝아졌다. 푸르름이 나를 둘러쌌던 시절의 달빛은 그만큼 어두웠다. 그러고 보니 해는 푸르름 위에서 더욱 환하고 달은 텅 빈 세상에서 더욱 환하다.

어젠 소금에 절인 푸른 배추를 붉은 고춧가루 옷을 입혀 땅속에 넣었다. 처마 밑에 줄을 매고 걸어놓은 무청을 살피니 푸른 빛깔을 유지한 채 이미 바삭바삭 말랐다.

집 주위를 둘러보니 소나무의 푸른빛이 하늘 한 귀퉁이를 여전히 물들이고 있고 땅에도 얼어 죽지 않은 푸른 풀들이 키를 낮춘 자세로 드문드문 깔려 있다. 다가서는 겨울을 보지 못하고 대를 키운 어떤 놈은 몸을 뿌리 쪽으로 끌어당기며 둥글게 만들어 주저앉혀 땅에 붙였다.

오후 6시 30분이 막 지났다. 학교에 갔던 아들이 버스에서 내려 집을 향해 걸음을 옮길 때다. 달이 뜨지 않은 날엔, 자가발전기가 내장된 손전등을 들고서 '짜그락 짜그락' 손을 쥐었다 폈다를 반복하여 얻은 전기로 길을 밝히면서도, 아들은 어둠이 무서워 달리듯 걸어서 집으로 온다. 잎이 지고 풀이 누워서 사방이 훤하게 트였다고는 해도 정류장과 집 사이에 가로놓인 골짜기가 어둠 속에 잠기면 소용이 없다.

  오늘은 해보다 밝은 보름달이 길을 비추고 있으니 달빛을 온몸으로 받아 환해진 아들이 문을 열고 들어서는 걸 볼 수 있겠다. 혹시라도 뛰지 마라. 보름달 아래서는 조용히 달빛을 받아먹으며 걸어야 한다.

덫에 걸린 삶

기말고사 성적을 보고 아내가 아들에게 불만을 얘기한다. 왜 이렇게 국어점수가 좋지 않게 나왔냐는 거였다. 79점이면 썩 좋지 않다고 할 수는 없지만 아내가 아들에게 기대했던 점수는 아니었다. 아내의 말을 듣고 생각하니 아들이 평소 책을 빨리 읽는 버릇이 있음에 생각이 닿았다. 내가 이삼 일 걸려 읽는 분량을 아들은 두세 시간에 읽는다.

    사람마다 독서 능력이 다르다는 걸 부인하진 않는다. 빨리 읽으면서도 글쓴이의 의도를 제대로 이해하는 재능을 가진 사람도 있다. 책을 빨리 읽는 사람의 역량을 폄훼하고 싶지는 않지만 아들이 빠르게 책을 읽다 보니 국어점수가 낮게 나온 게 아닌가 하는 의문이 마음을 떠나지 않았다.

"현준아, 아빠가 생각해보니까 네가 책을 너무 빨리 읽기 때문에 국어점수가 생각대로 나오지 않는 것 같다. 책을 빨리 읽어서는 글쓴이가 말하고자 하는 바를 제대로 이해하기도 어려울 뿐더러 깊이 있는 맛을 느끼기 힘들게 되지. 천천히 읽으며 단어 하나하나의 의미까지 파악하면서 네 생각과 맞지 않는 얘기가 나오면 '나는 이렇게 생각하는데 왜 이 사람은 이렇게 얘기하고 있을까?' 하는 의문도 가져보고 글 속에서 그걸 풀어보기도 하면서 나아가야 제대로 책을 읽는다고 할 수 있는 거거든. 10권의 책을 속독하기보다는 천천히 정독하며 1권을 읽는 게 더 낫지. 작가와 대화를 하면서 책을 읽어야지 내용만 파악하기 위해 읽는다면 좋은 습관이라고 할 수가 없는 거지."

아들은 긍정을 하면서도 못내 얼굴이 굳어졌다. 더 이상은 얘기하지 않고 아들을 제 방으로 보내고 나니 어두운 얼굴이 또 못내 마음에 걸린다.

내가 아들의 공부에 신경을 쓰기 시작한 것은 초등학교 5학년에 들어서였다. 아들이 두 아이에게 맞았다는 얘기를 들었다. 아내가 알아본 바로는 1학년 때부터 폭력을 휘두르기 시작한 아이와 그 아이와 단짝인 아이, 두 명으로부터 합동공격을 받았다고 했다. 한두 해 전에도 피가 옷에 묻은 채 들어와서 아내가 선생을 찾아갔던 일이 있었다. 주먹을 휘둘러 아이들 위에 올라선 아이는 공부도 잘 했다. 그 아이의 엄마는 초등학교 1학년 때 집중적으로 학교를 들락거리며 담임선생과 가깝게 지냈고 담임은 그녀의 아들을 유난히 아끼며 추켜세웠다고 한다. "너희 다들 ○○ 같이만 해라"는 말을 달고 살았고 틈날 때마다 아이들 앞에서 포근히 안아주었다고 한다. 그 반대로, 반에서 어눌해 보이거나 공부를 못하거나 하는 아이는 툭툭 때리고 밀어 넘기는 등의 행위를 통해 차별을 했다고 한다. 견디다 못해 다른 학교로 전학을 간 아이도 있었다. 한 학년 12명이 11명으로 줄어든 상태에서 여자와 남자 그리고 때리는 아이와 맞는 아이로 나뉜 게 그때부터였다.

  5학년 땐 내가 직접 담임을 찾아갔다. 담임은 아들과 그 아이들을 면담도 하고 주의도 주면서 살피며 내게 전화를 주곤 했다. 나는 아이가 당당하게 자랄 수 있는 방법을 생각했다. 맞지도 말고 패지도 말아야 한다는 것이 내 생각이었으나 이미 기세가 꺾인 아들이 폭력을 휘두르는 아이와 대등하게 자라나긴 힘든 일이었다. 좁은 지역인 탓에 별다른 일이 없다면 고등학교 졸업 때까지 이어질 판이었다. 내 나름대로의 대처 방안은 하나였다. 공부만은 앞서야 한다. 공부를 앞선다면 함부로 폭력을 휘두르진 못할 게다. 학교에서는 공부 잘하는 놈이 최고 아닌가? 아들을 붙들고 나는 영어를 아내는 수학을 가르쳤다. 한 학기를 거치면서 아들은 그 아이를 앞서 나갔다.

그렇게 세월이 흘러 중학교 1학년도 끝나갈 무렵이다. 아내가 공부하지 않는다며 아들을 질책할 때마다 나는 생각했다. 아들에 대한 공부타령은 아내의 말만으로도 넘치고 있으니 나라도 이제 좀 느긋이 지켜보기로 하자.

그게 쉽지가 않았다. 아들이 좋은 대학에 들어가 좋은 직장을 얻고 남들 위에 서서 살길 바라는 마음이 내게도 자리 잡고 있는 것인가? 어찌 생각하면 답답한 그 인생을 나 또한 소원이라도 되는 양 아들에게 요구하고 있는 것인가? 나는 그렇게 살고 있지 않으면서 왜 아들은 틀에 얽매여 살길 원하는가? 아무래도 나 또한 이 사회가 만들어놓은 덫에 걸린 모양이다. 남 얘기하기가 어렵고 또 어렵다.

나무보일러 그리고

웬일일까? 경찰차가 집 앞 길을 지나 산 위로 올라간다. 경찰차의 모습을 따라 시선을 옮기니 윗집 임 씨네 집 연통 위로 연기가 꾸물꾸물 피어오르는 모습이 보인다.

임 씨가 보조금을 지원받아 나무보일러를 놓은 때가 작년이었다.

"꽁짜로 마을 나무를 다 베어 때잖아. 저게 다 돈을 버는 거여."

일찌감치 나무보일러를 설치한 동팔이 아버지를 가리키며 비비 꼬아 욕을 하던 임 씨였다. 심야보일러 전기료가 갈수록 많이 나온다며 인상을 찌푸릴 대로 찌푸리곤 하더니 기어이 나무보일러를 놓았다. 자신의 돈은 보일러 값의 반도 들지 않앉으니 동팔이 아버지가 '꽁짜'로 겨울을 나는 걸 보며 배 아팠던 날들에 대한 보상을 받은 셈이었다.

　나는 몇 년 전에 나무보일러를 연탄보일러로 교체했다. '꽁짜'로 나무를 베어 땐다며 욕하는 소리가 나를 향한 소리이기도 하다는 걸 왜 몰랐겠는가? 간벌작업이 끝난 곳에 가서, 베어놓은 잡목들을 가져다 때는 것이었지만, 산림청 공무원과 부딪혀 '이거 어디서 벤 것이냐'고 추궁을 당했던 경험도 씁쓸했다. 나무도 공짜가 아니었다. 트럭과 기계톱에 들어가는 유지비는 계산하지 않더라도 나무가 어디 있나 알아보고 옮기고 잘라서 알맞은 장소에 쌓아놓는 일은 만만찮은 시간과 노력을 요구했다. 무거운 나무를 옮기다, 부실한 허리가 '삐끗' 어긋나는 일이 일어나곤 해서 겨울 내내 허리통증에 시달리기도 했다. 눈이 쌓인 한겨울에 땔감이 떨어졌을 때도 있었다. 그땐 다른 도리가 없어 마을 입구의 아카시아 숲에 가서 나무를 벴다. 혹여 누가 보랴, 신고가 들어가지나 않을까 염려하는 마음을 갖기도 했으니 그게 어찌 공짜였던가? 연탄보일러로 바꾸고 연탄을 들여 때니 세상살이가 편하면서도 경제적이었다.

　임 씨는 '꽁짜'로 겨울을 나는 게 신이 났던지 작년 한 해 동안 그리고 올해도 부지런히 딸딸이(폐차된 농업용 트럭을 개조한 차)를 몰고 다니며 나무를 날라다 땠다. 바라보면 확연히 보이는 윗집이다. 나무를 자르는 기계톱 소리가 '위윙' 수시로 들려올 때마다 나는 마음이 불편하다. 톱 소리가 예리하기 때문이기도 하겠지만 그것보단 사람 사이가 어긋난 까닭이 크다.

임 씨는 축사를 짓고 소를 키우면서부터 나하고의 사이가 벌어진 데다 요즘은 축사를 증축하는 공사를 하고 있어 거리가 더욱 멀어졌다. 그런 나에 비한다면 심각하다는 표현을 써야 할 만큼 임 씨와 사이가 벌어진 사람이 있다. 축사 위에 살고 있는 조 씨다. 두 사람의 집은 우리 집과 임 씨 축사 사이보다 더 가까울 뿐더러, 십 년 전 조 씨가 이사를 와서 집 공사를 할 때 도와주기는커녕 길에 공사재료며 돌등이 구르고 있다고 타박을 하면서 내내 원수 같은 사이로 지내왔던 내력이 합쳐져 더 벌어지기 어려운 지경이다. 두 사람의 다툼소리가 내 집까지 들려오는 날도 흔하다. 더 크게 짓지는 말고 지금 상태로 유지하며 살아가는 게 그나마 서로 좋지 않겠냐고 얘기했다가 고성이 오가는 싸움을 한 뒤로 나도 임 씨와 대화를 하려는 마음을 접었다.

열 집이 살아가는 마을에서 크다면 크다고 할 수 있는 사건이 터졌는데도 마을은 별다른 움직임이 없다. '마을 중앙에 커다란 축사가 들어섰는데 마을 회의도 열지 않고 지나간다면 앞으로 얘기 나눌 일이 뭐가 있겠습니까?' 회의를 열어 사람들의 의견을 모아보도록 반장에게 얘기했다. 반장은 그러겠다고 말했지만 회의가 열린다는 통보는 오지 않았다.

"왜 좋아하겠어? 다 불만을 가지고 있는데, 함께 오래 살아오다 보니 말하기가 어려운 거지. 다들, 좋아하지는 않아."

어제, 오랜만에 놀러온 동팔이 아버지에게 축사 얘기를 꺼내니 내 시선을 피하며 한숨 쉬듯이 풀어놓은 말이다.

오늘도 그럭저럭 시간이 흘러 저녁 무렵, 산책을 한다며 나갔던 아내가 문을 열고 들어서며 말한다.

"동팔이가 얘기하는데 아버지가 지금 경찰서에 있다고 그러네. 조 씨가 찔렀다고 그러는데, 윗집과 같이 나무를 하다가 함께 걸린 것 같아."

찌푸린 겨울 하늘 아래 무겁기만 한 날들이 흐르고 있다.

산골 송년회

아내는 묵을 쑤었다. 도토리가 풍년이었던 작년, 길가에 도토리나무가 늘어선 모운동 가는 산길에서 주워 묵을 해먹고 남은 것을 가루로 빻아 냉장고에 보관해놨었다. 올해는 바쁘기도 했지만 도토리가 흉년이라는 소식을 듣고 아예 주울 생각도 하지 않았다.

솔이네로 가는 골짜기 길은 얼음이 녹지 않은 채 빙판을 이루고 있었다. 다행히 바퀴자국을 따라 얼음이 녹아있어 차로 골짜기 깊숙한 집 앞까지 가는 데 큰 장애가 되지는 않았다.

솔이네가 영월읍내 아파트에서 살다가 가재골로 들어온 지도 10년 세월이 뚝딱 흘렀다. 강을 건너 하늘이 손바닥만 하게 보이는 골짜기로 접어들어 굽이굽이 몇 굽이를 돌고 돈 지점에 솔이네 집은 있다. 쓰러져가던 옛집을 고쳐 살면서 나무와 흙으로 새집을 지었다. 이어서 작업실 겸 민박 손님을 맞을 요량으로 본체의 반만 한 집을 또 지었다. 그렇게 집을 고치고 짓는 데 5년 남짓 걸렸다. 인터넷으로 알게 된 집 짓는 모임에 합류해서 기술을 익히고 그들과 함께 나무로 뼈대를 만든 다음, 부부가 흙을 이기고 벽에 붙이는 작업 끝에 완성한, 땀으로 빚어낸 작품들이었다.

집 둘레에 심어놓은 묘목도 이젠 사람 키를 훌쩍 넘었다. 집 앞에는 언제 또 만들었는지, 산에서 내려오는 물을 호스로 연결하여 작은 연못도 만들어 놓아 제법 운치도 느껴졌다. 본체 옆 작은 공간에 정자도 만들어 갖출 건 다 갖춘 품새였다.

"어이구, 이젠 얼추 자리가 잡혔네."

마당에 나와 있는 솔이 아빠의 손을 잡으니 두텁고 커다란 손이 믿음직스럽다. 나보다는 대여섯 살 아래지만 머리가 허연 모습이 오히려 형님 같은 사람이다.

옛집 나무대문을 본떠서 만든 바깥문을 밀치고 들어가 안쪽 문을 여니 사람들이 꽉 찬 거실 공간이 나를 맞는다. 맞아주는 사람들의 손을 익숙하게 잡아주며 키 낮은 탁자 앞에 주저앉으니 과메기와 술잔이 놓여있다. 이유야 각자 다 다르지만 산을 찾아 들어와 자리를 잡고 살아가는 모습 하나만으로도 정이 느껴진다. 모이자고 해서 모인 것도 아니고 특별히 뭔가를 하기 위한 모임도 아니다. 어찌어찌 살다 보니 인연들이 얽히고설켜, 일 년에 한두 번이나마 함께 만나서 이야기나 나누자고 얘기가 된 것이었다. 여름엔 계곡에서 물놀이하며 먹고 마시고, 겨울엔 원하는 사람의 집으로 찾아가 세상과 자신의 얘기를 나누며 아홉 집 남녀가 어우러져 술잔을 기울였다.

"이 두부전골은 누가 가져온 겨어?"

"은희네서 가져왔는데 직접 만든 게 아니고 식당에서 맞췄대요."

"어쩐지 맛이 달짝지근하더라니."

한 집에서 한 가지씩 가지고온 음식이 차례로 상에 오르는 가운데 술잔이 부딪히기 시작했다. 해물전과 약밥이 오르고 잡채와 닭볶음탕까지 모습을 보이자 상에 빈자리가 없는 가운데 서로 간에 떠들썩한 자리가 이어진다.

"비닐하우스에서 기르는 고추가 더 병이 많더라구. 약도 노지 고추보다 엄청 더 많이 쳐대고, 역시 자연스럽게 기르면서 손이 많이 가는 게 제일 좋은 거더라구. 그런데 사람들이 왜 그렇게 기름이 낀 쇠고기는 좋아하는지 모르겠어. '마블링'이라는 게 따지고 보면 병든 고기 아닌감. 건물 안에 가둔 채 사료를 들입다 먹여서 만들어내는 것인데 그게 어떻게 몸에 좋을 거냐구."

오가는 말들 위로 문득 '은하철도 999' 노래가 울려 퍼진다.

노래가 한두 곡 더 불린 뒤다. 가장 멀리 떨어진 골짜기에 사는 우구네 부부가 방안에서 다른 집 아이들과 놀던 아들을 불러내며 일어선다. 골짜기 길이 얼어서 산 밑에 가서 체인을 치고 올라가야 한다고 했다. 앉아 있던 부인네들이 같이 가자며 일어났다.

"이거 오늘 자리가 너무 일찍 파한 거 아녀? 어째 노는 시간이 갈수록 짧아지는디……."

돌아오는 차안에서, 아쉬워하는 나와 '술자리가 길어지면 서로 좋을 것 없다'는 아내 사이의 다툼만 해가 가도 변함이 없다.

신년 선물

"**싸**고 좋은 갤로퍼가 나왔는데, 끌고 갈 테니 한 번 구경 좀 하시죠."

싸고 상태도 좋다니 안 살 이유가 없었으나 연식을 물어보고서 주저하는 마음이 일었다. 1995년이라. 나이가 15살이 넘었지 않은가?

"이거 가지고 있던 사람이 카센탈 하는데 꼼꼼히도 고쳐놨더라구요. 엔진 소리 좋고 대우기어도 잘 들어가고 충돌한 흔적도 없고, 한 4~5년은 별 지장 없이 탈 수 있을 겁니다. 딱 보고 마음에 들어서 가지고 왔죠."

한때 공업사도 운영했고 택시회사도 운영했으니 차를 보는 안목만큼은 믿어도 좋을 사람이었다.

"일단 시험운행이나 해보자구요."

함께 온 오 씨의 말을 따라 내가 운전대를 잡고 산봉우리 근처의 절 입구까지 올라가 보기로 했다. 4륜구동 기어를 넣고 바퀴로 전해지는 차체의 무게감과 구르는 힘을 전해 받으며 산 위로 차를 몰았다. 얼어붙은 길을 지나 경사가 심한 비포장 등성이 길로 접어들어 2단 저속 기어를 넣고 가속페달을 밟았다. 눈이 쌓인 가운데 듬성듬성 돋아난 돌들만 보이는 길을 차는 거침없이 올라갔다.

망경사에 올라 멀리 굽이굽이 물결치는 산맥들과 산 사이를 흐르는 강줄기와 장난감처럼 다가오는 집들을 바라보다가 다시 차를 타고 내려오는 길은 몸도 마음도 가뿐해서 좋았다. 힘들이지 않고 무엇인가를 가볍게 한다는 것도 꽤 기분이 좋은 일이었다.

"그런데 차를 끌고 올 때 보니까 핸들이 좀 떨리더라구. 그건 바로잡아야 하겠더라구. 잘못하다 고속도로 같은 데서 큰일 날 수 있다니까."

오 씨가 미덥지 못한 현상을 얘기한다. 오 씨의 얘기가 아니더라도 보험료 외에 승용차 세금이 30~40만 원(운행기간이 10년 이상이어서 반으로 깎인 금액)이 나온다 하니 선택하기가 어려웠다. 트럭을 이용하면서 2~3만 원의 세금을 내는 것과 비교하니 차를 살 마음이 멀어졌다.

"세금이 비싸고 핸들도 문제가 있으니 밴 2인승으로 알아보는 게 좋겠어."

오 씨는 다른 걸 알아보자며 방향을 틀었다. 문제는 차를 가지고 온 장 씨였다. 장 씨는 카센터 사람이 잘 아는 동생이라며 연신 차 상태가 좋다고 얘기했다. 차를 다시 가지고 돌아가는 장 씨의 모습이 그려지니 못내 하기 어려운 짓이었다.

어디 괜찮은 '지프차'가 있으면 소개 좀 해달라고 했던 게 몇 주 전이었다. 아내가 방과 후 학교 강사 등으로 바깥일을 하면서 차를 사용하게 되자 내가 움직일 방법이 만만치 않았다. 버스시간에 맞추다 보니 길에 뿌려지는 시간도 많았고 내 필요에 맞게 움직일 수 있는 데에 한계가 있었다. 도서관 문예창작 강사로 일주일에 두 번 강의를 다니던 작년에도 차의 필요성을 누누이 느끼곤 했다.

작년과 올해 연이어서 시도 때도 없이 내리는 눈도 나를 흔들었다. 눈이 녹다 얼어 산길이 빙판으로 변하는 일이 곧잘 벌어졌다. 때마다 마을 입구에서부터 집까지 오는 길에 모래를 뿌리곤 하면서 고물 지프차라도 하나 마련해야겠다는 생각을 얼추 굳히게 됐다. 그 생각을 마침 놀러온 두 사람과 함께하는 술자리에서 풀어냈었다.

내 말을 잊지 않고 괜찮아 보인 차를 직접 끌고 찾아온 사람에게, 마음에 차지 않으니 갖고 가라는 말이 나오지 않았다.

'이것도 병이지' 싶은 마음이 일었으나, 상대방이 나를 생각한 정도는 아니더라도 그 근처에는 닿는 결정을 내려야 마음이나마 편할 것 같았다. 눈이 내려 길이 얼어붙은 날들 속에서, 트럭을 몰다 일어날 수 있는 작은 사고 하나쯤 방지할 수 있다면 그것만으로도 찻값 이백만 원은 빠질 일이었다. 마음이 정리되니, 신년 선물로 '지프차'를 구해준 사람에게 뒤늦게나마 고마운 마음이 일었다.

제2부

연리지連理枝가 되려는가?

눈을 떠 시계를 보니 11시가 넘었다. 아침을 먹고 차를 한 잔 마시니 12시도 훌쩍 넘었다. 대부분의 사람들에겐 점심 무렵이 내겐 아침이다. 본격적인 농사철로 접어드는 4월부터는 약간의 제약이 따르지만 자급자족적인 소규모 농사를 유지하고 있어 내 생활모습을 근본적으로 바꿔야만 하는 것은 아니다. 오후에만 부지런히 움직여도 그럭저럭 농사는 무리가 없다. 모종을 기르거나 아침 일찍 할 일은 아침잠이 없는 아내가 맡아서 하니 내가 굳이 일찍 일어나야 할 일도 많지는 않다. 농번기건 농한기건 상관없이 나는 자고 싶을 때 자고, 일어나고 싶을 때 일어난다. 그런 나에게도 물론 예외는 있다. 5월 초부터 한 달 남짓 이어지는 분봉기간에는 나도 8시쯤 이불을 걷는다. 빠르면 9시 전후에 분봉하기도 하고 늦으면 오후 4시쯤에 하기도 한다. 이곳 사람들의 얘기를 들어보면, 옛날엔 일주일 정도의 시차를 두고 첫 벌은 10시, 두 번째 벌은 12시, 세 번째 네 번째 벌은 오후 2시에 나왔다고 한다. 그러던 것이 요즘은 아무 때나 지 나오고 싶을 때 나오니 아무래도 세상이 이상해졌거나 말세가 다가왔거나, 아무튼 도통 이상하다고 한다. 마을 노인네들의 얘기는 지금의 세상 흐름을 욕하는 소리로 들리지만 조금 삐딱한 시선으로 본다면 내 게으름을 지적하는 것으로도 들린다(능구렁이들인 시골 노인네들의 얘기는 잘 새겨들어야 한다). 촌에 정착한 뒤 몇 년 동안은 그런 말에도 꽤 신경이 쓰이곤 했으나 요즘은 그러거나 말거나 별 관심을 기울이지 않는다. 누구의 눈치도 보지 않고, 노인들을 대할 때도 내 얘길 곧이곧대로 하곤 한다. 내 생각을 이해시키려고 하거나 생각이 다르다 하여 다툴 마음도 없다. 말로 이해시킬 것이 있지도 않으려니와 그렇다고 다툰다 하여 얻을 것도 없다. 자신의 생활방식과 관념을 강요하는 사람에게서 내가 폭력을 느끼듯이 내 삶을 상대에게 이해시키려 하는 것도 그것을 원치 않는 사람에겐 의도하지 않은 폭력이 된다. 서로에게 서로의 삶을 강요하지 않고 그저 지켜봐 주는 것, 그것이 내가 원하는 삶의 방식이다.

우수가 지나고 경칩이 다가온다고는 하나 이곳은 아직 겨울이다. 남향인 이곳에도 띄엄띄엄 허연 눈이 덮여 있어서인지 북향인 앞산은 허연 모습이 변할 기색조차 보이지 않는다.

"이젠 봄소식이 올 때도 됐는데……."

집 앞 숲가의 벌통이 있는 곳으로 발을 옮겼다. 양지바른 양봉장에는 다행히 눈이 다 녹아서 마른 잎들이 깔린 지난늦가을의 풍경을 드러냈다. 그러나 벌들은 단 한 마리도 보이지 않았다. 올해는 아무래도 벌들의 상태가 심상찮다.

유난히 길었던 지난해의 우기를 지나며 제대로 꿀이 들었다고 여겨지는 벌통이 아예 없다시피 보였었다. 세력이 약했던 대여섯 개의 벌통 속 벌들은 겨울이 시작될 무렵 있던 꿀을 다 소비하고 전멸했다. '설탕물을 넣어줄까?' 하는 생각을 하기도 했었다. 그러나 내 나름의 원칙을 깨기가 싫었다. 옛날 사람들이 하던 방식대로, 인위적인 요소를 최대한 배제하면서 벌들의 월동식량 중 일부를 채취하는 방법을 택해 10년째 이어온 것을 스스로 무너뜨리고 싶지가 않았다.

"그래 설마하니 대여섯 통은 남겠지, 그러면 봄에 분봉을 받아서 열통은 넘어설 거고……."

"끼 끼 끼 끼-."

마음을 부드럽게 어루만지는데 숲의 어디선가 나무의 비명 소리가 들려왔다. 듣지 않았으면 싶은 소리였다.

'연리지라 했던가?' 소름이 돋을 것만 같은 소리가 나는 곳을 주시하다가 전에 보지 못했던 두 가지의 접점을 발견하곤 가만히 바라보았다. 소리가 나던 곳 같지가 않았다. 소리의 크기에 비해 두 가지의 굵기가 너무 가냘프게 보였다. 거기서 그 거친 소리가 삐져나왔다고는 생각되지 않았다.

두 가지는 이미 남녀의 포옹 같은 자세를 취하고 있었다. 서로 맞닿아 껍질이 벗겨진 부분을 감싸서 덮으려는 듯 윗가지의 상처부분이 도톰하게 부풀었다. 한 몸이라고 하기도, 한 몸이 아니라고 하기도 어려운 형태였다.

기어이 한 몸이 되려고 하는가? 기어이 한 몸이 될 수 있을 것인가? 왜 한 몸이 되려 하는가? 그냥 두 나무로 살아가면 안 되는가? 꼭 한 몸이 되어야 하는가? 쉼 없이 불어와 나뭇가지를 흔드는 바람에 내 마음속 의문도 흔들리며 이어졌다.

하나가 되기 위해 노력하기보다는 각자 따로 살면서, 일정 정도의 거리를 유지하면서 살아가는 것도 지혜로운 삶이 되지 않을까? 하긴, 하나가 되지 않고 살 수 있었다면 굳이 하나가 되기 위해 서로의 살을 파고들 필요는 없었을 것이다. 벗어나고 싶어도 그럴 수 없어 하나 되는 일을 택할 수밖엔 없었을 것이다.

나는 연리지를 볼 때마다 해탈한 수도승의 모습을 본다. 그 모습은 왠지 슬프다. 피를 토하는 수련 끝에 비로소 연리지가 되는 길이 열린다면, 그리하여 연리지가 된다면, 그 하나됨은

둘보다 좋은 것인가?

"애애애애-."

내 이어지는 생각을 끊으며 문득 애기 울음 같은 소리가 들려 벌통 쪽으로 다시 시선을 옮겼다. 그새 언제 나왔는지, 날아다니던 검은 벌 한 마리가 벌통문 앞 발판에 내려앉더니 지체 없이 쑥 벌통 속으로 들어간다. 겨울에 듣는 벌의 날개소리는 날카로우면서도 힘차다.

그래 올 봄엔 나도 두 팔을 좀 저어봐야겠다. 모르는 일이다. 나도 저 하늘을 날게 될지도……. 나는 그 무엇과 하나가 되기보다는 지금의 상태 그대로의 모습으로 하늘을 날고 싶다. 하나가 되지 않아도 살아갈 수 있는 지금의 내 삶에 대해 불현듯 감사한 마음이 인다.

깡통 속 노란 꽃

어쩌다 그의 울음소리를 듣게 되면 왜 이름이 딱새가 되었는지를 이해하게 된다. '따따따따따딱' 나뭇잎으로 덮인 가지에 드러나지 않게 앉아 나직이 내는 소리. 어찌 들어보면 '또또또또또똑'으로 들리기도 하는 소리는 누군가를 부르는 듯도 하고 둥지 속의 새끼들에게 들려주는 경계음으로 들리기도 한다. 물론 둥지 곁으로 내가 다가가기라도 할라치면 '쩨쩨쩨쩨쩨쩨' 다급하게 날개를 파닥이며 울어대어 제 존재를 드러내기도 하지만 그런 특별한 일이 아니라면, 울음소리가 자신이 앉은 나무의 그늘을 벗어나는 일조차 힘에 부치는 새다.

올해, 늦봄 내내 시선을 끈 것이 그 새였다. 특별한 무엇이 눈에 띄어서 그런 건 아니었다. 몇 해 전, 바람이 기웃기웃 드나드는 헛간 벽에 대못을 박고 걸어놓은 둥근 페인트 깡통을 손으로 밑을 받쳐서 들어 내렸다. 깡통 속에 넣어둔 못을 사용하기 위해서였다. 그런데 그것을 땅에 놓기도 전에 뱀 한 마리가 머리를 꼿꼿이 들며 깡통 위로 솟구치질 않는가! 기겁해서 깡통을 던져버리니 뱀도 놀랐는지 재빨리 마당을 벗어나 풀숲으로 사라졌다. 딱새 부부가 풀줄기와 짐승의 털과 이끼 등을 깡통 안으로 물어 나르는 모습을 보다 보니 그때 그 뱀의 모습이 겹쳐보였다.

제법 안락한 보금자리가 완성되자 곧 알이 보였다. 헛간 앞을 오갈 때마다 고개를 들이밀어 깡통 안을 보았다. 알은 매일 한 개씩 늘어났다. 6개의 알이 보인 다음 날, 딱새 수컷이 깡통 안으로 들어갔다가 나오는 것을 보고 다가가 들여다보니 반짝이는 눈망울이 내 눈에 들어왔다.

오히려 내가 놀라 깡통에 두었던 시선을 얼른 거두며 물러났다. '포란에 들어갔나?' 알 품기에 들어간 암컷에게 수컷이 먹이를 물어다준 것이 분명해 보였다. 알을 품는 새의 모습이 다시 보고 싶었다. '다가가 살짝 살펴본다면 괜찮겠지. 알을 품을 땐 새들도 웬만해선 알을 포기하지 않는 법이 아닌가?' 나는 괜찮을 거라고 스스로를 안심시키며 슬며시 다가가 깡통 속 둥지를 향해 고개를 뻗쳤다. 막 둥지가 보일 무렵이었다.

'파다닥', 나를 먼저 발견한 새가 깡통 속에서 날아올라 얼굴을 스치며 헛간 밖으로 날아갔다.

'하, 그 놈, 알을 놔두고 날아가면 어떡하냐! 알보다 제 목숨이 중했던 모양이구만. 하긴 알이야 다시 낳으면 그만이지만 제 목숨이 끊어지면 알도 자신도 끝이니 오히려 현명한 놈이로고.'

깡통 속 둥지엔 일곱 개의 알이 옹기종기 모여 있었다. '어제 여섯 개가 있었으니, 일곱 개를 낳으면서 알 품기에 들어갔구만.' 눈앞의 공간을 날개로 치며 날아간 새의 자취가 둥지에 고스란히 어려 있었다. 딱새가 쏙 들어앉으면 꽉 찰 만한 크기의 둥지와 품에 안기에 적당해 보이는 알의 모양새와 개수. 새와 둥지와 알은 둥글둥글한 것이 볼수록 서로 닮았다.

그날부턴 헛간 앞을 오갈 때마다 깡통 안을 흘깃 스쳐보았다. 그때마다 포란하는 새의 꼬리 깃털이 얼핏 보였다. 내 발자국 소리에 바짝 긴장한 모양새였다. 수컷이 가져다주는 먹이의 양이 부족해서 그런지 아니면 제 볼일을 보러 다녀오는 것인지, 암컷은 둥지를 나왔다가 다시 들어가곤 했는데, 나는 깡통을 나서는 새의 뒷모습을 볼 때마다 또 다가가 둥지 안을 살폈다.

이윽고, 알이 있던 자리에 붉은 고깃덩이 갓 난 새끼들이 보였다. 알을 품은 지 12일 만이었다. 새끼들은 내가 어미인 줄 알고 입을 '아' 벌렸다가 뭔가 이상한지 이내 입을 다물고 움츠린 채 꼼짝을 하지 않았다. 아직 알 한 개가 부화하지 않은 것이 마음을 바쁘게 했는지, 둥지를 나갔던 암컷이 그 사이에 돌아와 헛간 앞 살구나무에서 "딱딱따다다닥" 경고음을 냈다. 헛간 옆의 빛바랜 수국꽃이 바람도 없는데 땅으로 뚝뚝 굵은 눈물처럼 떨어지던 날이었다.

그리고 이틀 후, 암컷과 수컷이 번갈아 통통한 벌레들을 두세 마리씩 물어 나르는 모습이 보였다. 어미들이 보이지 않는 틈을 기다려 다가갔다. "찌지지지지지" 어디 먼 곳에서 겨우 들려오는 듯한 연약한 목소리가 깡통 속에서 새나오고 있었다. 그 소리를 따라 깡통 속 둥지 안에 시선을 맞추니 이런, 노오란 꽃송이들이 활짝 피어 깡통 속 세상을 밝히고 있는 게 아닌가?

올 봄을 마무리하는 꽃은 어두침침한 세상에서 그렇게 피었다.

30여 년 뒤의 아들을 만나다

세금고지서를 받아든 준이는 잠시 혼란스러웠다. 2천평 규모인 땅의 세금으로 한 달 월급을 고스란히 내놓아야 했다.

"살다 보면 어찌될 줄 모르는 거다. 직장을 그만둬야 할 사정이 생길지도 모르고, 사업을 한다고 해도 망할 수가 있고, 이런저런 일 다 막혀 살 길이 막막한 경우가 생기기도 하는 법이다. 그럴 때면 시골로 내려와 자급자족 할 수 있는 땅이라도 있어야 되지 않겠니?"

돌아가신 부모님의 말씀이 땅을 정리하려고 할 때마다 떠올라서 발목을 잡았다. 해마다 팔아야지 팔아야지 하면서도 끝내 세금만 내면서 사십 살의 나이를 먹었다. 부모가 돌아가신 뒤 10년 동안 낸 세금만 해도 일 년 동안의 수입과 맞먹을 액수다.

준이는 세금 내는 일을 억울해 하진 않는다. 가진 만큼 세금을 내는 것이야 당연한 일이 아니던가? 자신이 소유할 수 있는 권한을 준 사회에 그만큼의 답례를 한다고 생각하면 하등 불평할 일이 없다. 그 세금으로 지금의 보편적인 복지제도를 유지해나가고 있으니 한편으론 흐뭇한 일이다. 의료와 교육을 국가와 자치단체에서 책임을 지고 있고 거기에 임대주택정책을 통한 값싼 주거와 문화예술 향유까지 복지정책을 통해 해결되고 있으니 그만한 세금을 지불하는 것이야 마땅한 일이다. 땅을 빌려준 대가로 받는 사과 몇 상자는 가을과 겨울 사이의 기간 동안 식구들의 간식거리로 훌륭하지만 내는 세금에 비하면 수익이라고 하기도 민망하다. 그렇다 해도 세금에 대한 불만은 없다. 농부도 아니면서 농지를 소유하고 있는 터이니 더욱 그렇다. 따지고 보면 소득세만 해도 월급의 30%가 넘고 있으나 원천징수가 되어 통장에서 나가고 있어 응당 그러려니 생각한다. 다만 거둬진 세금이 제대로 쓰이고 있는가에 대해선 문득문득 의문이 들곤 하지만 시민단체에 매달 회비를 내는 것으로 안도하며 넘어가곤 한다. 그러지 않고 의심에 의심을 더하다 보면 몸과 마음만 어지럽고 더렵혀질 뿐이어서 이득이 없다고 보아 나름 개인적인 즐거움에 마음을 쓰며 생활해왔다.

　돌아가신 부모님껜 미안하지만 이번에 아예 땅을 자치단체에 내놓아 복지정책을 집행하는 데 쓰이게 할까? 상속을 받았다 해도 부재지주인 까닭에 양도세가 무거워 팔아보았자 큰돈이 들어오는 것도 아니거니와, 만약을 대비해서 물려준 땅을 팔아 사사로이 쓴다는 것도 도리가 아니라는 생각이 마음을 어지럽힌다. 지금과 같은 복지사회가 유지된다면 굳이 땅을 갖고 있을 이유가 무엇인가?

　부모님이 살았던 시대는 냉혹한 경쟁의 장이었다. 말로는 남을 위하자고, 봉사를 하자고, 나누는 사회를 만들자고, 너나 없이 외치곤 했지만 정작 사회제도는 경쟁을 극대화시키고 남을 죽여야 내가 사는 형태였다. 그러니 남을 돕는다는 것도 따지고 보면 패배자에게 돈 몇 푼 던져주며 고맙게 알라는 식이었다. 노동자끼리도 정규직과 비정규직으로 갈려 대립했으며 경영자와 노동자 간의 임금차이가 백 배 이상 나는 것도 자연스런 모습이었다. 사람의 능력이 어떻게 백 배 이상이나 차이가 날 수 있는 것인지 참 이상한 일이었다. 최고경영자와 신입사원 사이라 해도 임금차이가 10배 이상 될 수 없게 되어있는 지금의 눈으로 본다면 이해하기 어려운 사회였다. 경영자는 대개 자산도 많아서 거기에서 나온 소득까지 합치면, 받는 월급이 전부인 사람과는 헤아리기도 어려운 소득격차가 나곤 했으니 암담한 세상이었다. 건설 일용노동자나, 최저임금도 못 받고 하루 10시간 이상의 노동을 하며 사람대접조차 못 받던 수많은 사람들이야말로 애국자였던 세상이었건만 훈장은 잘 먹고 잘 살았던 사람에게만 주어졌다. 세상을 그렇게 만들어 놓고도 초중등학교에선 학생들을 교육시킨다며 봉사활동을 점수로 매겨 성적에 올리곤 했다. 준이도 그 시절의 봉사활동 점수를 따기 위해 엄마가 다니는 어린이집에 가서 원장의 서명을 받아 제출하곤 했다. 한 시간 정도 엄마와 놀다가, 서너 시간 봉사활동을 했다고 적힌 확인서를 받아서 냈다. 엄마도 그것이 다 형식적인 거라며 용인을 해주었다.

돌이켜보면 그땐 남을 위한다는 사람들이 많기도 많았다. 자치단체 의원 부인이 부모가 없거나 버림받았거나 장애인을 부모로 둔 아이들을 데리고 이런저런 행사장에 다니며 구경을 시켜주면서 자신이 불쌍한 아이들을 위해 얼마나 노력하는가에 대해서 얘기하던 기억이 잊히지 않는다. 혹시 그 부인은, 할아버지 할머니와 살고 있거나 부모가 있어도 없는 것 같던 아이들을 진정 불쌍한 존재로 만들었던 건 아닐까? 그녀가 진정 그 아이들을 생각했다면 그냥 놔두는 것이 더 좋은 방법이 아니었을까? 부모가 없는 아이들은, 부모의 손을 잡고 행사장에 놀러와 즐겁게 노는 아이들의 모습 속에서 서러운 자신을 보게 된다. 그들의 슬픔을 확인시켜주는 방법이 아닌 다른 방법은 없었을까?

　남을 도울 땐 도움을 받는 사람의 입장에서 보아야 한다. 도움을 주는 입장에서 본다면 자칫 폭력이 될 수도 있다. 무엇보다 돕는 자와 도움을 받는 자 사이에 동등한 관계가 형성되어야 한다. 도움을 받는 사람은 도움을 받아서 좋고 도움을 주는 사람은 도움을 줘서 좋은 관계가 되어야 한다. 불쌍한 사람을 더 불쌍한 사람으로 만드는 행위가 나눔이라는 이름으로 불려선 안 될 것이다. 남을 돕는다는 사람들에게 세심한 배려의 정신이 필요한 이유다.

　그래 이번엔 결정을 내리자. 준이는 더 망설일 이유가 없다고 생각했다. 복지정책에 도움을 준다는 건 어떤 이유로도 괜찮은 행동이었다. 이름이 드러날 이유도 없었다. 세금을 낼 여유도 없고 내고 싶지도 않으니 그냥 내 땅을 가져가라고 하면 그뿐이었다. 다만 복지 분야에 쓰도록 해달라는 단서만큼은 달아야 했다. 그 다음의 일은 자치단체나 국가의 담당자들이 다 알아서 처리해준다. 부모님도 나를 이해해 주시리라 생각한다. 갖고 있기보다는 내놓아서, 필요한 사람이 쓰게 한다면 좋은 일 아니겠는가?

　오랜만에 햇살이 따뜻한 날이다. 마당에 서서 멀리 앞산을 바라보며 30여 년 뒤의 세상과 아들 준이의 모습을 그려본다.

사려 깊은 아들의 모습을 상상하는 것만으로도 기분이 좋아진다. 오늘은 아들과 함께 면소재지 통닭집으로 가서 어떤 생각을 하면서 살아가는지 얘기나 들어볼거나.

포도가 익어가는 계절

띠 약볕 아래 푸르름이 가득한 세상이다. 그 푸르름 아래서 포도가 익어간다. 며칠 전부터 파란 모습은 어디가고 보랏빛으로 물들더니 하루가 다르게 검은 빛이 더해지고 있다. 송이가 실하지 않아 봉지로 싸놓지 않은 몇몇 포도송이가 그러니 봉지 속의 실한 포도송이야 그 탐스러운 어둠의 빛이 보이지 않아도 눈에 잡힌다.

"까까까까까."

급박하면서도 왠지 모르게 기분 나쁜 소리가 들려온 것은 '올해는 포도 좀 괜찮게 따겠구나' 싶은 마음으로 포도밭을 바라본 지 이삼 일 정도 지난 오늘 낮이었다. 소리가 들려온 포도밭 쪽으로 급히 시선을 돌려 살펴보니 아니나 다를까 때까치 서너 마리가 포도밭에서 날아다니는 모습이 눈에 들어왔다.

'훠이 훠이' 소리를 지르며 옆에 있던 판자를 주워 집의 기둥을 두드려 예사롭지 않은 소리를 일으키니 그제야 마지못해 아쉽다는 듯 날개를 여유롭게 파닥여 포도밭을 벗어난다. 그러나 멀리가지는 않고 포도밭 옆 계곡가의 나무에 앉아 또 '까까까까' 날카롭게 짖어댄다.

포도를 그냥 놔두지 않겠다는 얘기로군. 그렇다면 나도 바라보고 있을 수만은 없지 않은가? 나는 생각 끝에 독수리를 떠올렸다. 작년에 종묘사에서 사온 것이었다. 은판을 새 모양으로 자르고 거기에 독수리를 그린 것인데, 작년엔 끈으로 묶어 포도밭 앞 전봇대에 매달아 한동안 효과를 보았다. 그러나 한 달 가까이 지나며 포도를 수확해야 할 시점에 들어서자 효과가 없었다. 가짜라는 것을 알아차린 때까치들이 거침없이 날아들어 잘 익은 포도송이를 골라 봉지를 찢고 알을 파먹었다.

일 년이 지났으니 또 잠시나마 효과를 볼 수 있을지도 모르지. 작년 일은 잊어버렸겠지. 설마 지금까지 기억하고 있으려고…….

이번엔 막대기에 독수리를 매단 뒤 포도나무 지지대에 붙잡아 맸다. 바람 따라 움직이는 것이 제법 그럴듯했다.

그러나 오늘의 독수리 효과는 한두 시간의 조용함으로 끝을 맺었다. 포도밭을 둘러싸고 있는 커다란 뽕나무와 밤나무와 낙엽송 사이를 번갈아 옮겨 다니며 '까까까까까 잔칫상이 바로 여기 있다고 알리는 듯 급박하면서도 명랑한 기운이 감도는 소리를 주고받으며 몇 마리의 때까치들이 잠시 울어대더니 이윽고 떼를 지어 포도밭으로 날아들었다.

포도밭 앞길로 나아가 새들에게 돌을 몇 개 던지는 것으로 올해 때까치와의 첫 만남은 마무리 되었으나 내일부터의 만남은 어떡해야 할까? 비록 60~70 그루가 자라는 작은 포도밭이긴 하나 그냥 놔둘 수는 없는 일이니, 옆집에서 하듯이 때까치를 잡아 눈에 잘 띄는 곳에 매달아두기라도 해야 하는 것인가?

생각하면 산촌에 들어와 살면서 내 눈에 쏙 들어온 새가 때까치였다. 크지도 작지도 않은 크기와 긴 꼬리를 끄덕이며 앉아있는 모습하며 부드러운 회색빛 털로 감싸인 몸은 그 어느 새보다 내 눈을 잡았다. 그러나 작년 이맘때를 거쳐 오늘에 이르러보니 때까치들이 더 이상 그전처럼 다가오지는 않는다. 그러니, 아름다움이란 온전히 마음에 달린 것으로 보인다.

그렇다 해서 세상에 아름다운 것은 없다고 얘기하고 싶지는 않다. 오히려 세상 모든 것들이 아름다울 수 있는 조건이 무엇인가를 알고 싶다. 아름다움 속에는 미움의 감정도 녹아

있음을 인정하는 자세가 조건 중의 하나일 것임을 생각하는 이유다. 가능하다면 나는 때까치의 예쁜 모습을 간직한 채 살고 싶다. 청포도가 익어가는 시절이 아닌가?

2008 여름, 한 남자의 어느 날

심산골에 들어가 사는 부부가 있다. 부부는 아이 둘을 기르며 농사를 짓는 한편 등산객을 상대로 막걸리도 팔고 민박도 친다. 그러나 돈은 뜻대로 들어오지 않았다. 몇 년 전부터는 된장을 담가 파는 일도 시작했다. 아이들 학비를 감당하기 어려울 것을 예상하고 궁여지책으로 시작한 일이었다.

손수 농사지은 콩으로 메주를 만들고 품질이 좋다는 소금을 구해 된장을 담갔으나 그것도 생각만큼 팔리지는 않았다. 등산객들은 자신들이 싸온 음식을 먹고 하산하는 이들이 대부분이었으며 술을 마셔도 고주망태가 되도록 마시는 사람은 없었다. 민박도 여름 휴가기간이 지나면 그것으로 끝이었다. 농사지으랴 된장 만들랴 민박 치랴 막걸리 팔랴 애들 뒤치다꺼리 하랴 시간만 훌훌 훨훨 잘도 지나갔다.

눈매가 예리하고 다부진 몸매의 남자가 찾아온 건 며칠 전이었다. 마당에 놓인 평상에 걸터앉은 그는 막걸리 한 되를 시켰다. 한낮의 뙤약볕을 피해 앉아있던 주인 남자와 마주한 그는 여느 사람과 같이 '이런 곳에서 무얼 해먹고 사느냐'고 물었다. 막걸리나 팔아서는 생활이 되지 않으리란 것쯤은 훤히 꿰고 있는 물음이었다.

"된장도 담가서 팔고 민박도 치고 벌도 몇 통 있고…… 그럭저럭 살아가는 거죠."

"여기 항아리에 들은 게 다 된장입니까?"

마당 한쪽에 일본 전통씨름 스모 선수들 같은 항아리 20~30개가 모여 있는 것을 가리키며 그는 물었다. 건들바람이 마당을 스쳐 지나갔으나 쨍쨍 내리쬐는 햇살 한 줄기도 흔들지 못했다.

"직접 담갔습니까?"

"……?"

의아한 눈으로 바라보는 주인 남자에게 그는 설명하듯 말을 이었다.

"아니, 요새 세상이 하도 그렇고 그런 세상이어서 그럽니다. 경치 좋은 산촌에 된장 항아리 몇 개 갖다놓고 중국에서 수입

한 된장을 자신이 만든 것인 양 파는 사람이 많거든요."

"그래요? 그럼 장사를 못하도록 만들어야지요."

"그게 쉽지가 않습니다. 정치적인 문제도 있고 사회의 혼란을 불러올 수도 있고 괜히 건드려서 부스럼만 생길 수 있으니까요. 여기도 좋은 된장 만들려고 하기보다는 유통과 홍보에 더 많은 신경을 쓰셔야 할 겁니다."

막걸리 잔을 비우고 그는 왔던 길로 돌아갔다. 주인남자는 사내의 뒷모습조차 사라진 길에 시선을 두고 앉아 말없이 다가오는 저녁을 바라보았다. 세상의 흐름을 따를 것인가? 아니면 역행할지라도 자신이 생각한 바대로 살아갈 것인가? 따르려고 하니 지나온 인생이 송두리째 쓰레기통에 처박히는 느낌이 밀려오고 따르지 않으려 하니 아이들 교육시킬 일이 아득하다.

까짓 먹고 사는 것이야 이런저런 일 다 그만둔다 해도 어찌어찌 살지 못할까? 하고 싶지 않은 일은 하지 말자고 생각하며 마음을 다잡았으나 그래도 뭔가 허전함이 밀려든다. 아이가 학교에서 돌아올 시간이 다가오고 있었다. 산촌의 하루는 짧기도 짧다.

"오늘 민박 손님 온다고 하지 않았어요?"

아내의 부드럽지 않은 소리에 주인남자는 선선히 자리에서 일어나 낡은 트럭이 세워진 집 앞으로 걸어갔다. 외진 곳이어서 처음 찾아오는 사람은 마중을 나가 데리고 들어와야 했다.
　'덜컹덜커덩' 비포장도로 위를 물결치듯 몸을 흔들며 나아가는 트럭에 앉아 주인남자는 익숙하게 운전대를 움직였다. 자치단체에서 포장을 해준다는 것을 나서서 막은 흙길이지만 그마저도 요즘은 후회가 되곤 한다. 포장을 했으면 먹고 사는 일이 한결 쉬워졌을 것이 분명하다. 중국 한약재라도 사다가 처마 밑에 걸어놓고 팔까? 그것도 꽤 짭짤하다던데……
　골짜기 입구에 다다르자 하얀 승용차를 세워놓고 서성이는 서너 사람의 모습이 보였다. 그런데 이상하다. 사람들의 얼굴이 퍼런 지폐에 그려진 퍼런 얼굴 일색이다. 주인남자는 고개를 빠르게 좌우로 저었다. 머리에 박힌 몹쓸 생각들을 뽑아내기라도 할 듯이 힘차게 흔들었다.

부르는 사람

"**계**세요? 안에 누구 없으세요? 저는 상주에서 온 사람인데요. 아빠는 농사지으시고요. 여보세요? 누구 없으세요?"

집 앞 길에서 한 여자가 누군가를 부르다 다시 발길을 옮긴다. 아마도 나나 내 아내를 불렀을 것이다. 어쩌면 11살 먹은 아들을 불렀을지도 모른다. 그냥 내 집을 향해 자기가 하고 싶은 말을 했을 수도 있다.

여자는 자신이 묵고 있는 집을 향해 산 위로 뻗은 길을 타고 걸었다. 그러다 마을 중앙의 공동창고 앞에 서서 그 어딘가를 향해 또 말한다.

"아빠, 잘못했어요. 엄마, 다신 안 그럴게요. 한 번만 봐주세요. 네? 아빠, 한 번만 봐주세요. 다신 안 그럴게요!"

한동안은 내 집 안으로 무작정 걸어 들어와 현관 문 앞에 서서 전화기를 빌려 달라 했다. 전화기를 빌려주면 10분, 20분, 30분, 시간 가는 줄 모르고 말을 하곤 했다. 그러다 상대방이 전화를 끊어서야 통화시간도 멈춰섰다. 다행히, 이번 달엔 전화비가 꽤 나오겠다고 생각하던 날들이 길게 이어지진 않았다.

"아빠가요 휴대폰을 부쳐왔어요. 그리고 양말하고 비누도 많이 와서 몇 개 가져왔거든요. 이거 신어보세요. 따뜻하거든요. 그리고 이 비누도 쓰세요. 부드럽거든요."

괜찮다고 말했지만 소용없었다. 잘 신고 잘 쓸 수밖에. 그리고 얼마나 지났을까?

"전화비가요 칠십삼만 원이 나와서요 끊어버렸대요. ……."

그날도 무작정 들어와서 하고 싶은 말을 쉼 없이 뱉어내었다. 나는 여자가 무슨 말을 해도 대꾸를 하지 않았다. 시선도 마당가의 나무나 앞산에 두거나 땅을 쳐다보며 10분, 20분, 30분이 지나도록 멀거니 앉아 있었다.

"……나도 불쌍한 사람이에요."

여자가 떠나며 하는 말이 들려서야 등을 보이며 걸어가는 여자를 바라보았다.

그런 일이 몇 번 더 있은 뒤부터 여자는 집 안으로 들어오지 않았다. 집 앞 길에서 내 집을 향해 하고 싶은 말을 한 뒤 길을 따라, 가던 방향으로 가거나 되돌아가거나 했다.

"안녕하세요?"
그녀는 요즘도 길에서 나와 부딪히면 걸음을 멈추고 서서 허리를 숙여 큰 인사를 하곤 한다. 그러나 나는 그녀가 그러거나 말거나 허리를 숙여 인사를 받으며 그녀의 앞을 지나친다. 그녀는 아직 걸으며 인사하는 방법에 대해선 배우지 못했다. 그러나 서로의 거리를 더 좁히기 위해 가까이 다가서거나, 말을 하기 위해 내 앞을 막아서지는 않는다. 서로 거리를 두는 것에 대해서 이제 그녀도 알 만큼은 안다. 더 가까이 가서는 안 된다는 걸. 그런 것은 상대방이 원하지 않는다는 걸. 그리고 그럴 필요도 없다는 것을.
시골엔 마을마다 정신이 정상이라곤 볼 수 없는 사람이 눈에 띄곤 한다. 위의 여자처럼 기도원에 맡겨진 이들도 있다. 그런 이들을 대할 때마다 이젠 나도 그들과 함께 살기 위한 요령이 붙었다. 거리를 두는 행위가 그것이다. 만나면 고개 정도 숙여주면 된다. 미워하거나 불쌍하다고 보지도 않으며 그저 무심히 지나친다. 뭐라 물으면 "네 그렇지요." 한 마디 정도 받아주면서 가던 길을 간다. 멀리서 부르면 바람소리로 들으며 하던 일을 이어나간다.

맡겨진 강아지

"**깽** 깽깽깽······."

　밥을 달라는 건지, 아니면 외롭다는 건지, 그것도 아니면 춥다는 건지, 또 강아지 울음소리가 방안으로 흘러든다. 그동안 이런저런 강아지를 보아왔지만 이번처럼 정신없이 사람에게 달라붙는 경우는 처음이다. 품에 안고 다니고 잠도 함께 자고 그래야만 깽깽대지 않을 그런 강아지다.

　도시에서 개를 기르는 사람 중에는 더 이상 돌보지 못할 어떤 일이 생기면 시골에 사는 사람에게 맡기는 경우가 종종 있다. 팔기도 어렵고 그렇다고 죽이는 일도 어렵고 내버리는 일도 어렵기는 마찬가지다. 그러니 이런저런 궁리 끝에 시골에 사는 지인에게 갖다 준다. 개를 영 좋아하지 않는다면 모를까,

맡아달라는 개를 나 몰라라 냉정하게 거절하기도 어려운 일이다.

그렇게 어찌어찌 애완용 개를 기르고 있는 집들이 드물지 않은 것이 산골마을의 풍경이다. 물론 도시인처럼 실내에서 기르는 사람은 거의 없다. 깨끗하게 목욕을 시켜주거나 이를 닦아주거나 하지도 않는다. 극히 일부를 제외하고는 특별난 사료를 사 먹이는 일도 없다.

문제는 개가 암놈일 때 생긴다. 매년 한두 번씩 새끼를 낳을 때마다 그것을 처리해야 하니 그때마다 신경을 쓰게 된다. 키워서 잡아먹을 집에 주자니 멈칫거려지고, 키우자니 감당을 할 수가 없고, 시장에 내다 팔자니 해보지 않은 짓이라 망설여지고, 마땅한 사람을 찾아 나눠주는 방법이 그나마 마음에 걸림이 없건만 그것도 쉽지는 않다. 두세 마리 정도라면 어찌어찌 해결이 되곤 하지만 대여섯 마리를 낳으면 난감하기까지 하다.

이번에 내 집에 오게 된 강아지도, 한 마리 가져가라는 지인의 은근한 부탁을 아내가 거절하지 못하고 웃는 통에 그만 덜컥 맡겨진 것이다. 그러니 어쩌랴! '키울 만한 사람을 알아봐서 넘겨주면 되겠지' 그런 마음으로 가져오긴 가져왔으나 넘겨줄 만한 사람이 좀체 보이지 않았다. 하는 수 없이 끼니마다 밥을 말아주며 지낸 지도 한 달 정도 되었다. 강아지가 영락없는 애완견이어서 그런지 큰개가 먹는 사료는 먹지도 않아서 때마다 밥에 찌개국물을 끼얹고 멸치가루를 섞어서 먹여야 했다. 툇마루에 기어오르며 낑낑대는 모습도 그렇고, 출입문을 나서기만 하면 발에 매달리며 달라붙는 것도 그렇고, 똥을 아무 데나 싸대는 꼴도 그렇고, 마음에 들지 않는 짓만 하는 놈이었지만 그렇다고 어찌 할 수 있는 방법이 보이지도 않았다.

"낑낑낑낑……." 안아 주세요, 밥 주세요, 이뻐해 주세요, 나만을 바라봐 주세요.

오늘도 강아지는 애처롭게 그리고 끈질기게 내게 말한다. 그때마다 나도 강아지에게 침묵의 형식을 빌려 말한다.

그러지 마라. 너는 너대로 살아라. 죽이지는 않으마, 먹을 것도 챙겨주마, 그 이상은 바라지 마라. 외로우면 외로운 대로 추우면 추운 대로 살아라. 어쩌다 네가 원하는 그런 사람이 찾아오면 그 사람을 따라가 살게 해주마.

자연과 시

1

투 툭 척, 가지에서 떨어진 나뭇잎이 다른 가지들을 치며 떨어져 기존의 낙엽 위에 자리를 잡는다. 줄기차게 비가 내리거나 흐린 날들이 이어지더니 불현듯 가을이다. 해마다 돌아오는 계절이건만 요 몇 해는 그 차이가 크게 느껴진다. 나도 나이를 먹은 탓일까? 아니면 이런저런 사람들이 얘기하는 것처럼 지구오염에 의한 급격한 환경변화 탓일까?

어찌 됐거나 요즘의 한해 한해의 변화는 세상에 대한 내 고정관념이 형성될 기회조차 쉽게 허락하질 않으니 시를 쓰는 데는 오히려 좋은 면으로 다가오기도 한다. 그렇기는 하지만 나는 세상이 급격히 변화하거나 그렇지 않거나, 거기에 휩쓸리고 싶지는 않다. "인간이 적응하기 힘들 만큼의 빠른 변화가 와서 인간이 사라진다고 해도 그것은 인간의 일일 뿐이다. 새로운 환경에 맞는 생물들의 마음껏 뛰노는 환희의 소리가 이 세상에서 사라지지는 않을 것이다. 혹여 사라진다고 해도 그것이 슬플 까닭은 없다. '나'라는 지평을 넓혀가다 보면 '나'는 부모와 다르지 않고 부모의 부모와 다르지 않고 내가 먹는 것들과 다르지 않고 이 땅과 다르지 않고 저 태양을 비롯한 우주의 수많은 별들과 다르지 않음을 인정할 수밖에 없기 때문이다."('전원생활' 2007년 4월호에 실린 산문 중에서)

그러나 '과연 슬프지 않은가?'라는 물음에는 '그렇다'는 답이 쉽게 나오질 않는다. 사람이 살아가는 모습은 왠지 슬프다. 나아가 모든 생명체들의 삶은 슬프다. 이 어찌할 수 없는 슬픔이 있기에 시가 쓰여질 수밖에는 없는 것이고 나 또한 시를 쓰며 살아가는 것이다. '왜 슬픈가?' 이런 의문을 곱씹으면서…….

2

그저 세상을 바라보면서 살아가고 싶었다. 내 머릿속 기억들을 말끔히 비워내고 세상과 만나고 싶었다. 그러한 결과물로 나왔던 책이 첫 시집인 『작은 침묵들을 위하여』이다. 그것이 내 의도대로 펼쳐졌는지 아닌지는 나도 모르겠다. 다만 그 시집으로 인해서 내가 지금까지 시인이란 명칭을 들으면서 살아가고 있다는 것만은 분명하다. 그리고 얼마 전에 두 번째 시집의 교정지를 '랜덤하우스'라는 출판사에 보냈다. 이번에 나올 시집은 그저 바라보려는 자세를 유지하는 데서 벗어나 대상과의 대화 아니면 상대의 이야기 듣기를 염두에 뒀다고 할 수 있겠다.

내가 바라보는 세상에서는 나 또한 세상의 극히 작은 일부분이다. 그렇기에 내가 중심이 될 수밖에 없는 관념적인 시, 그리하여 난해한 형태로 드러나는 시들과는 거리를 두고 있다. 인간중심적-자기중심적인 사고 속에서 나오는 시들은 내 머릿속에 자리 잡고 있는 시와는 잘 맞지 않는다.

인간 그리고 인간의 문화나 문명까지도 자연이라고 생각하기에, 나는 인간 스스로 자신의 사회를 바꾸려고 노력하는 것 또한 자연스런 현상으로 본다. 나 또한 인간이기에 인간사회의 부조리한 모습이 눈에 들어온다. 그리고 그것을 바꾸고 싶은 마음이 인다. 한편으론, 갈가리 찢겨진 세상이 인간 사회 본연의 모습이라고 생각하면서도 나는 인간끼리의 포용이나 합일의 모습을 마음속에서 완전하게 지울 수는 없었다. 그것이 내가 시를 쓰는 또 다른 이유일지도 모른다.

내가 쓰는 시들은 위와 같은 이유들로 관념적이기보다는 구체적이다. 구체적인 대상들은 지금 내 주위에 있는 것들이다. 그들과의 사이에서 벌어지는 일들과 다가오고 멀어지는 교감들이 내 시의 세상을 차지하고 있다. 인간 또한 수많은 시적 대상들 중의 하나일 뿐 그 이상도 이하도 아니다. 또한 내가 쓰고자 하는 시는 그 대상이 그렇듯이 꼭 '인간을 위해서' 쓴다고도 말할 수 없다.

집 앞의 나무 한 그루를 위해서 글을 쓴다면 그것은 사람을 위한 것일까? 아니면 나무를 위한 것일까? '문학은 사람을 위한 것'이라고 단정 짓는 사람들이 있다. 여기서의 '사람'이 '자연'과 대비되는 존재의 의미라면 나는 그 말에 동의할 생각이 없다. 나도 단정을 지어 말해본다면 '문학은 세상의 모든 것을 위한 것'이다.

'사람만이 희망이다'라고 얘기하는 사람들도 많이 보게 된다. 그러나 인간에게서 약간이라도 시선을 틀어 바라본다면 무한한 크기로 열려있는 자연이 보일 것이란 점을 얘기하고 싶다. 인간의 발에 차여서 갈 곳이 보이지 않는 사람이라면 무심히 숲 속 길을 걸어가 보자. 걷다가 발이 무거우면 눈에 띄는 바위 위에 걸터앉아 하염없이 시간을 보내기도 해보자. 어느 순간, 문득 눈앞의 나무나 풀 한 포기, 발 옆으로 지나가는 개미들이 가깝게 다가오는 경험을 하게 될지도 모른다. 만약 그런 일이 일어난다면 그 순간부터 그 대상과 당신은 가까운 벗이 될 수 있는 만남을 시작한 것이다. 세상엔 인간 외에 무수히 많은 것들이 있고 그것들은 모두 사람과 좋은 벗이 될 수 있다. 문제는 만물을 대하는 각자 마음의 문이 얼마만큼이나 열려 있느냐이다.

구체성에 대해 말을 조금 더 덧붙여보자. 구체성이야말로 다른 예술분야에서보다도 시에서 그 중요성이 한층 크다. 청각과 시각 같은 감각을 통해 직접적으로 다가오는 공연예술이나 전시장의 그림 같은 예술품들은 그것이 아무리 복잡한 관념이라 하더라도 일단 감각기관을 통해서 사람의 몸속으로 들어간다. 그러나 문학은 사람의 의식적인 노력, 글을 읽는 노력이 있어야 사람의 몸속으로 들어간다. 그런데 여기서의 '읽는'다는 말의 뜻은 단순히 소리를 내는 것만은 아니다. 글의 의미나 이미지가 머리에 떠올려지지 않는다면 그 글을 읽었다고 말할 수는 없을 것이다.

여기서 소통을 생각하지 않을 수 없다. 소통은 글의 의미와 이미지가 읽는 사람에게 전해지지 않는다면 일어날 수 없는 일이다. 소통을 전제로 할 때, 글은 작가의 의도가 독자에게 분명히 전달되어야 하고 그러기 위해선 구체적인 상황이나 모습으로 표현되어야 한다. 구체성은 사람과의 소통을 원하는 문학작품에서는 더할 수 없이 소중하다. 시의 애매성이나 상징 또는 은유도 구체성 속에서 제 모습을 드러내야 한다. 그렇지 않고 관념적인 말, 특히 일반적으로 이해 가능한 관념이 아닌 자신만의 특수한 고정관념으로 범벅된 언어들로 쓰여진 시는 새나 네 발 달린 동물의 울음소리와도 별반 다르지 않은 것이다.

3

내 시를 자연시라 하는 이도 있고 조선시라 하는 사람도 있다. 나를 산골시인이라 하는 이도 있고 자연시인이라 하는 이도 있고 농부시인이라 하는 사람도 있다. 어떤 측면에서 바라보느냐에 따라 달라질 수 있으니 맞고 틀리는 문제는 아니다. 다만 '자연시'나 '자연시인'이란 명칭은 내가 볼 땐 썩 어울리지 않는 말이다. 세상 만물이 다 '자연'이라고 볼 때, 모든 시는 다 자연시이고 모든 시인은 다 자연시인이기 때문이다.

4

사람들은 그때그때 자기가 속해 있는 곳에서 앞으로 나아갈 길이라고 생각되는 길을 걸어간다. 거기에 역사를 끌어댈 필요까지 있을까? 역사는 발전한다고 하지만 구석구석을 가만히 바라보면 앞으로도 가지만 뒤로도 가고 옆으로 가기도 하고 빙 돌아가기도 하며 갈지자로 우왕좌왕 갈팡질팡 길을 잃고 헤매기도 하고 멈추어 있기도 한다. 모든 세상일에 버릇처럼 발전이란 말을 갖다 붙이는 것은 지극히 관념적인 화술이거나, 인간세상의 흐름을 틀어쥐고 있는 위대한(?) 자들의 말이 뇌리에 단단히 박혀버린 결과다.

　내 삶 또한, 오늘의 나와 내일의 내가 다른 사람이라는 것을 인정하는 시선 속에서 본다면 발전이란 말이 들어설 곳이 없다. 그러나 기억을 통하여 어제의 내가 오늘의 나와 연결되는 측면에서 본다면 발전이란 용어의 성립이 가능해 보이기도 한다. 자연 속에는 세상의 모든 것이 다 들어 있다. 다만 어떤 위치에서 보느냐에 따라 이렇게 보이기도 하고 저렇게 보이기도 한다. 그렇다고는 하더라도 자연이란 거대한 '나'를 통째로 놓고 볼 때, 거기엔 발전이란 것은 없으며 변화만이 있을 뿐이다. 거기엔 나의 태어남과 죽음까지도 예외 없이 포함되어 있다.

　인간사회만을 놓고 볼 때 갈수록 복잡해진다는 것에 대해서는 동의하는 편이다. 그러나 복잡해진다는 말과 발전한다는 말이 동의어가 될 수는 없다. 그러니 지금 여기서 내게 주어진 일에 충실한 것이 내가 아는 가장 이상적인 삶의 모습이다.

사람이 자연을 어떤 눈으로 보는가는 매우 중요한 논란거리가 될 수 있다. 다윈의 진화론도 자연을 관찰한 결과로 얻어진 자연의 모습이다. 그것을 환경에 대한 적응으로 보거나 자신의 자손(유전자)을 번성시키는 데 좀 더 유리하게 몸을 변화시킨다고 보지 않고 진화한다고 본 것은, 관찰자가 인간을 만물의 최상층에 두었기에 그리고 자신을 고등한 존재로 보았기에 가능한 결론이라고 보여진다.

여기서 한 가지 더 짚고 넘어갈 일은, 내가 얘기하는 자연은 결코 목가적인 풍경은 아니라는 점이다. 자연은 눈물을 보이지 않는다. 자비나 사랑 따위의 손길도 뻗지 않는다. 죽어가는 자의 손을 잡고 함께 죽어줄 자는 없다. 따뜻한 그 누군가의 손길을 원한다면 자연 속에서 그 무엇도 얻어내진 못할 것이다. 자연을 바라보는 자는 강한 내면으로 자신을 무장시켜야 한다.

5

며칠 전에 아는 사람의 장례식에 참석했다가 벽제 화장장까지 따라간 일이 있다. 시신이 화장장 안으로 들어가고 한 시간 반이 지난 뒤, 뼈만 남아 작은 항아리에 담겨져 근처의 납골당에 자리를 잡는 과정을 지켜보며 나는 참 막막한 심정이었다. 한때 사람의 일부였던 뼛가루가 담긴 항아리들이 방방마다 가득한 납골당 건물 안에서, 항아리 앞에 놓인 고인의 사진들과 그 속의 뼛가루 사이에 존재하는 거리를 가늠해 봤다. 둘의 간격은 참으로 멀고도 가까웠다. 한 줌의 뼈에 자신의 슬픔을 기대는 인간들의 작디작은 모습들이 그 멀고도 가까움 사이에 있었다. 그것이 구체적인 현실임을 인정하지 않을 수 없었다.

    시인은 구체적인 사물이나 현상을 바라보는 사람이다. 그렇기에 관념과의 전쟁은 시인들의 숙명이라고 나는 생각한다. 자연을 바라보면서 대화를 한다는 것은 관념을 넘어서기 위한 하나의 좋은 방법이다. 고정된 관념이란 것이 종종 자연 또는 인간 위에 군림하려는 인간들의 자기 합리화에 쓰이는 예가 많음을 나는 간과하지 않으려 한다.

궁궁이꽃

봄 바람이 슬며시 불어오던 어느 날, 여기서 멀지 않은 산골짜기 마을에 한 처녀가 몇 년 전 귀농한 사람의 사랑채에 들었다. 농사짓는 방법도 익히고 산속 생활도 경험할 겸해서 왔다고 했다. 처녀라고는 해도 36살이라고 하니 작지 않은 나이이긴 했으나 처녀는 처녀였다. 얼굴도 통통하니 복스럽게 생겼다. 사람을 멀리하기는커녕 다정도 해서 누구라도 품에 폭 안을 것만 같았다. 둥실둥실 피어나는 궁궁이꽃이었다. 비교적 여유가 있는 집의 외동딸로 외국여행을 하면서 살아오다 무슨 일인가는 확실하지 않아도 나름대로 소박한 삶을 살아보겠다는 작심을 한 것만은 틀림이 없다는 소문이 돌았다.

얼마 가지 않아 집 주인과 안다 하는 총각 두 명이 번갈아 마을로 찾아오기 시작했다. 대여섯 집이 띄엄띄엄 떨어져 사는 골짜기 마을에 푸릇한 기운이 솟아났다. 발정이 난 암캐의 냄새를 맡고 찾아드는 수캐들은 산 하나 넘기도 어렵고 물을 건너는 건 더욱 어려운 일이다. 하지만 처녀를 찾아오는 총각에겐 높은 산이 겹겹이 에워싸고 산 사이를 강물이 굽이돌며 흐르고 있어도 아무런 문제가 되지 않았다.

그림 그리기를 좋아하는 청년은 자신의 그림을 들고 찾아왔고 시를 좋아하는 청년은 목판에 백석의 시를 새겨 들고 찾아왔다. 적막하던 집에서 불쑥 불쑥 술자리가 벌어지고 노래가 울려 퍼지는 날이 이어졌다. 마흔을 넘긴, 마을의 노총각 '터줏대감'이 불편한 심기를 추스르지 못하고 처녀의 방 주변을 배회하는 날도 덧없이 이어졌다.

처녀는 그들에게 '친구'라는 선을 그어 더 이상의 접근을 막았다. 그러니 바라보면서 얘기를 주고받으며 술잔을 기울이고 노래를 하는 것 이상의 진전은 없었다. 그리고 두 달이 지났던가?

경북 봉화의 산마을에 집을 마련하여 영월을 떠났다던 처녀의 소식이 내 귀에도 들려왔다. 봉화까지 따라가 처녀의 집을 들락거리던 총각들의 발길이 어느 시점에선가 뚝 끊어졌다 한다. 처녀의 얼굴 대신 날카로운 눈매의 차가운 얼굴이 방 안에서 어깨를 잔뜩 웅크린 채 미동도 없이 총각들을 노려보는 일이 생긴 뒤부터였다. 5년 전에 사귀던 남자가 처녀를 찾아와 눌러앉아 버렸다는 것이었다.

그때부터 처녀의 집은 누구도 접근하기 어려운 산 속의 섬이 되었다. 산 속의 섬은 그곳으로 가는 배조차 있을 수 없는 곳이니 안타까움이 가득한 청년들의 얼굴이 잡힐 듯 다가온다.

여름이 깊어갈 무렵 피기 시작해 가을로 접어든 지금은 집 옆 도랑가를 온통 뒤덮고 있는 궁궁이꽃을 가만히 바라본다. 꽃송이 하나하나가 섬으로 둥둥 떴다. 처녀의 얼굴로만 보였던 섬에 총각들의 얼굴이 얼핏 어렸다.

때가 되었다

아침 햇살이 나뭇가지에 닿자 노오란 뽕잎들이 바람 한 점 없는데도 '투투투툭' 마당으로 떨어진다. 밤새 얼었다 햇살이 닿자 녹으며 그만 손을 놓아버렸다. 다가온 겨울을 바라보며 침묵의 시간으로 들어간 나무 앞에서 낙엽들 또한 아무런 말이 없다. 그토록 가깝던 사이에서 순간의 시간을 두고 멀고도 먼 사이가 되었다. 아직은 노란 잎들이 드문드문 가지에 붙어있어 나무와 잎들이 한 몸임을 얘기하고는 있지만 아무래도 나뭇잎은 이제 흙의 모습에 가깝다.

더 망설일 때가 아니라고 마음을 맞춘 아내와 나는 아침을 먹은 뒤 서둘러 밭으로 가서 무를 뽑았다. 이어서 아내는 무청을 자르고 다듬어 줄로 엮는 일을 하고 나는 잎이 잘린 무를 비닐하우스 안으로 옮겨 대형 고무통에 담았다. 밤에 얼었다가도 햇살만 비치면 다시 푸른 몸으로 되돌아오곤 하면서 웬만한 초겨울 추위쯤은 이겨내는 배추가 좀 더 속이 단단하게 차길 기다리며, 김장을 할 때까지 무만을 따로 보관하는 일도 이제 익숙해졌다.

아내가 무청다발을 처마 밑에 매달아놓는 동안, 따로 빼놓은 겨우내 먹을 무를 땅구덩이에 넣었다. 바쁘게 몸을 움직였더니 뱃속이 허전해서 쪄놓았던 고구마를 먹고 있는데 해동이 아버지가 오셨다.

이제 일을 다 하신 모양이죠?

응, 얼추 끝냈네. 내년엔 아무래도 고추농사를 줄여서 먹을 것만 하고 말아야겠어.

그러셔야죠. 돈보단 몸을 더 생각하실 때가 되셨죠.

육십대 후반의 나이지만 얼굴을 보면 칠십이 넘어 보이는 해동이 아버지이고 보니, 몇 년 전부터 몸을 생각해서 일을 줄이라고 말했으나 오히려 포도농사의 규모를 더 늘려온 사람이었다. 거기에 예전부터 짓던 고추농사는 그것대로 규모를 유지해오고 있었으니 일만 하면서 한해 한해를 보내는 모습은 10년 전 처음 보았을 때나 지금이나 마찬가지다. 자식들도 다 컸으니 이제 쉬엄쉬엄하라고 해도, 돈 들어갈 곳은 여전히 많다며 새벽부터 어둠이 내릴 때까지 일손을 놓지 않았다. 그런 해동이 아버지도 겨울에 들어서면서부터는 두 마리 소를 돌보는 것을 제외하곤 별다른 일을 하진 않는다. 그러나 그때부터 나에게는 일이 하나 그것도 큰일이 하나 시작된다.

산 속에 띄엄띄엄 열 집이 살아가고 있는 마을이건만, 서로 간에 불신이 심한 탓일까? 그나마 얘기할 상대로 나를 선택했는지, 해동이 아버지는 겨울 내내 하루가 멀다 하고 찾아와 대여섯 시간은 기본으로 엉덩이를 붙였다 가곤 한다. 아마도 오늘이 그 마실의 출발점인 게 분명하다.

어둠이 내려앉기 시작해서야 집으로 향하는 해동이 아버지의 뒷모습이 오늘 따라 둥글게 와닿는다. 올 겨울엔 읽어야 할 책도 많고 쓰고자 마음먹은 긴 글도 있는데 어찌해야 하나? 멀어지는 해동이 아버지의 뒷모습이 길게 늘어지다 문득 시야에서 사라진 뒤에도 뾰족한 방법은 떠오르지 않는다. 오는 사람을 오지 말라 할 수도 없고 앉아 있는 사람을 빨리 가라 할 수도 없고……. 해동이 아버지 또한 내 집 마당에 떨어진 낙엽이니 가슴에 쓸어 담아 마음이나마 따뜻하게 가꾸어야 할까?

이어지는 모습

통학차로 사용되는 학교 승합차가 집 앞에 멈추는가 싶다가 곧 문이 닫히는 소리가 들리더니 빠른 걸음으로 마당에 들어서는 아이가 보였다. 소중한 것이라도 되는지, 두 손으로 감싼 그 무엇을 든 채였다.

아이는 그 자세로 엄마가 있는 방으로 들어갔다가 나오면서 나를 부르며 말했다.

"아빠, 이거 드세요."

"응, 이게 뭔데?"

"핫케이크!"

"그래, 야 맛있겠는데!"

도토리빵을 가져와 삼등분해서 아내와 나에게 한 조각씩

건네주던 적이 몇 번인가 있었으나 핫케이크는 처음이었다. 읍내의 하나로마트에 가서 엄마를 졸라 사기라도 한 날이면 집에 오자마자 좋아라, 종이용기 겉면에 써진 대로 조리를 해서 후다닥 먹곤 하던 핫케이크를 먹지 않고 가져온 걸 보니, 나는 모르더라도 엄마만큼은 자신의 가슴 가득 생각했음이 틀림없으니, 참 많이도 자랐다. 하긴 백일을 갓 넘긴 아이를 안고 이 산 속으로 들어온 지도 십 년이 되었으니 짧지만은 않은 시간이 불현듯 지나갔다.

어떤 끈적한 기운이 가슴을 파고들어, 빵조각을 내 손바닥에 얹어놓고 방으로 다시 들어가는 아들의 뒷모습을 물끄러미 바라보니, 어디선가 본 듯한 낯익은 모습, 초등학교 저학년 때의 내가 보였다.

내가 다니던 시골의 초등학교에서는 밀가루빵 두 개와 우유 한 컵씩을 점심으로 주었다. 많은 아이들이 그 중 빵 하나는 남겨서 책가방이나 책보에 넣어두었다가 집으로 가져갔다. 어떤 아이는 가지고 다니는 컵에 배급받은 우유도, 병에 담아 가져갔다. 나도 빵 하나는 집으로 가져가 밭에서 일하는 아버지에게 반 뚝 잘라 주고 함께 먹었다. 그때마다 아버지는 흙 묻은 손을 털고 빵을 받아 우물우물 씹으며 나를 바라보시곤 했다.

미국의 원조물자를 받아 국가에서 배급을 하던 그 시절엔

누린내가 많이 나서 우유를 먹지 않는 아이들이 간혹 있었으나, 급식비를 내고 받아먹는 지금은 단지 먹기 싫다는 이유로 종이용기에 밀봉된 우유를 책가방에 아무렇게나 집어넣거나, 달라는 아이에게 선뜻 넘겨주거나, 책상서랍에 넣어둔 채 집으로 가는 아이들이 많다. 그런 아이들 중의 하나인 아이가 자신의 간식을 손에 감싸 쥐고 오다니, 시간의 흐름에 문득 고개가 숙여진다.

그러나 저러나, 방으로 들어가는 아이의 뒷모습이 나의 어린 모습과 겹쳐 보이며 아들이 곧 '나'로 다가오는 것이야 그렇다 해도, 내가 돌아가신 아버지가 되었다는 사실이 난감하게만 다가오니 어찌해야 좋을까?

시린 어깨 위에 내려앉는 추억의 겨울

덥다 덥다 했더니 불현듯 춥다. 하룻밤 비를 맞고 물러간 더위의 빈 공간을 파고들며 추위가 왔다. 반팔 셔츠를 긴 팔 셔츠로 바꾸고 잠바까지 덧입었는데도 어깨가 차갑다. 오십을 넘겨서일까?

문득문득 어린 시절의 기억들이 떠오르며 어깨에 내려앉는다. 그땐 어깨가 차갑다는 느낌이 없었다. 몸이 전체적으로 추우면 추웠지 어깨만 시렸던 기억은 없다. 하루 종일 썰매를 타며 얼음 위에서 뒹굴었어도 그다지 추웠던 기억이 없다. 하긴, 추억 속에선 나쁘고 아팠던 일마저 아련한 아름다움으로 밀려오곤 한다. 떠올리기 싫은 기억조차 그리 나쁘게 와닿지는 않는다.

진정 이해할 수 없던 일도 분노했던 일도 지나고 나면 다 있을 수 있는, 그렇고 그런 일들이 되어버리는 것일까? 나쁘고 좋음을 따지는 행위도 부질없는 짓인가? 이 세상 모든 일들이 다 삶의 일부분일 따름인가?

어린 시절의 추억은 자못 시적이다. 분열이 없는 시의 세상에 가장 가까운 존재이다. 그래서일까? 지난날을 그려보는 일이 요즘 들어서 싫지만은 않다. 차곡차곡 떠올리며 곱씹어보면 무엇인가, 보이지 않던 삶의 모습이 보이곤 한다. 아련하고 희미한 모습이긴 하지만.

나는 지난날을 내 머릿속에서 지우려고 노력하며 살았다. 지금 여기의 삶이 중요하고 삶의 모든 것이라고까지 생각했다. 현실에 충실하며 살아야지 옛날에 얽매이면 안 된다고 여겼다. 의식적으로 지난날들을 지웠다. 그런 중에도 살아남은 어린 시절의 기억들이 지금의 나를 지배하고 있다. 대개는 아무리 냉정하게 되짚어 봐도 아기자기하고 예쁜 이야기들이다. 내 의식적인 노력이 일정 정도 성공을 거둬서 좋은 기억들만 남았는지, 아니면 원래 추억이란 그런 것인지, 내 스스로 판단하기에도 쉽지 않은 문제다. 춥고 배고프기만 했을 것 같은 겨울도 그런 기억은 아스라이 사라지고 풍요로운 모습들이 자리를 차지하고 있다.

여우도 죽을 때는 고향을 향해 머리를 돌린다고 한 걸 보면

의식적인 노력과는 상관없이 유년의 추억은 대개 어여쁜 모습으로만 남아 사람들을 위로하고 다독이는 모양이다. 살고자 하는 의지가 추억의 공간을 어여쁜 모습으로 가꾼다고 보아야 하겠다.

오늘은 어깨도 시리니, 좋으면 좋은 대로 예쁘면 예쁜 대로, 떠오르는 어린 시절의 겨울풍경 속으로나 들어가 본다.

내가 자라난 시골은 경기도 포천군 이동면 도평2리라는 곳이었다. 마을 아래로는 막걸리 양조장이 있고 뒤쪽과 윗편은 군부대가 자리를 잡았었다. 동쪽인 앞은 막막한 산이었다. 뒤편의 군부대와 마을 사이엔 논이 널따랗게 펼쳐져 있었고 군부대 뒷산 아래로 물줄기가 흘렀다. 마을 앞의 산 아래로도 물줄기가 넓게 펼쳐져 흘렀다. 두 물줄기는 양조장 아래에서 만나 하나의 줄기가 되어 이동을 향해 흘러갔다.

어느 날 일어나 문을 열었을 때, 앞산도 잘 보이지 않고 마당도 울타리도 그저 하얗기만 해서 뭐가 뭔지 잘 구별이 되지 않고 한 덩어리로 들어오면서 세상의 경계가 허물어졌음을 보게 된다. 세상이 끝없이 펼쳐져 처음도 끝도 없는 아스라한 지평이 '탁' 앞을 막는 아침이다. 그 넓고 넓은 세상, 하늘과 땅이 하나로 이어진 세상을 만난 그날부터 나의 겨울은 시작됐다. '이야 가슴으로 환호성을 한 번 지른 뒤 마당으로 나가 눈을 굴려 눈사람 하나 만들어 집을 지키게 만들고 형과 함께 썰매를 들고 나섰다. 썰매도 앉아서 타는 두 날 썰매는 애들이나 타는 것이라고 생각해서(자신이 애이면서도) 외날 썰매를 주로 탔다. 외날 썰매는 두 발을 올려놓으면 꽉 차는 발판크기의 판자 가운데에 날을 박아 붙인 것으로 서서 타는 썰매였다. 꼬챙이는 둥근 나무토막에 긴 쇠를 박아서 끝을 날카롭게 갈아 사용했다. 외날 썰매는 두 날 썰매보다 속도가 단연 뛰어난데다 얼음판 군데군데 솟아난 바위들을 자유자재로 피해 다니며 타는 맛이 뛰어나서, 두 날 썰매는 서너 살 아이들이나 타는 썰매로 치부하고 초등학교만 들어가도 타지 않았다. 판자의 앞부분 양쪽을 사선으로 잘라 앞을 뾰족하게 만들어 멋을 내는 것이 일반적이었는데 썰매가 쑥쑥 잘도 나가서 서로 시합을 할 때면 위험해보이기도 했다.

두 날 썰매는 아이들이 모여서 함께 놀 때 주로 탔다. 두세 개의 썰매를 나란히 놓고 한 사람이 엎드려서 앞에 외날 썰매를 두 손으로 쥐면, 서너 명의 아이들이 누운 아이의 몸 양 옆으로 발을 딛고 올라타 기차의 모습을 만들어 꼬챙이를 함께 찍으며 내달렸다. 엎드린 아이는 손으로 잡은 외날 썰매를 운전대로 이용해 방향을 잡아 바위들을 피하며 칙칙폭폭 잘도 나갔다. 그런 날이면 목표지점을 정하고 시합을 하곤 했는데 이겨도 그만 져도 그만인 것을 어찌 그렇게 젖 먹던 힘까지 다 동원해서 얼음판을 찍어댔는지. 누가 피워 놓은지도 모르는 모닥불에 손과 발을 녹이면서 하루 종일 놀다가 집으로 돌아가던 날들이었다. 그때 점심이라도 먹고 놀았는지 어쨌는지 그것도 기억이 나지 않는다.

그때만 해도 스케이트는 낯설었다. 겨울 방학을 맞아 놀러 왔음 직한, 중고등학교 학생쯤 되어 보이는 한두 사람이 스케이트를 신고 나타나 우리의 시선을 끌곤 했다. 각각의 날을 단 신발을 신고 얼음 위를 달리는 모습이 부러웠다. 신발과 날의 고급스러움, 햇살을 튕겨내는 반들반들한 모양새가 보기 좋았다. 외날 썰매와 스케이트, 둘 중 어떤 게 빠를까? 하는 의문이 들곤 했으나 경주를 하자고 하거나 누군가가 하는 모습을 보진 못했으니 그 궁금증은 지금도 고스란히 남아있다.

얼음판에서 놀다 보면 성큼 설날이 다가왔다. 어느 날 아버지가 리어카에 쌀을 싣고 나갔다가 가래떡을 싣고 돌아오면서부터는 뭔가 분위기가 달랐다. 왠지 넉넉한 기운이 집을 감싸고돌았다. 그런 분위기 속에서 서울에서 일을 하며 돈을 벌고 있던 큰형님과 작은형님이 돌아왔다. 큰형님과의 나이 차이는 13살이었고 둘째형님과는 열 살 차이였는데 그땐 바라볼 수 없는 커다란 격차였다. 나는 아이였고 큰형님과 둘째형님은 어른이었다.

추석과 설날에 형님들이 사오는 새 옷은 세상이 내게 주는 옷의 전부였다. 선물로 사온 옷은 색깔이나 모양이 너무 튀어서 섣불리 입고 나서기도 민망한 옷들이었지만 부끄러움을 무릅쓰고 한 번 입고 나서면 그걸로 곧 친숙한 옷이 되곤 했다. 마을 아이들에게 우쭐, 목 한 번 뻣뻣이 세우게도 했던 새 옷의 그 화려함처럼 설날 전후의 며칠은 보이는 세상이 예쁘고 무언지 모르게 좋았다. 책보를 등에 붙들어 매고 다니던 아이들이 태반이었던 시골에서 형님이 사온 책가방도 낯선 만큼 돋보였다. 군인의 아들이었던 한 아이를 제외하곤 내 가방과 견줄 만한 것이 마을 내에선 보이지 않았다. 그걸 들고 다니던 내 발걸음은 얼마나 힘찼던가!

형님들이 서울로 돌아가고 설날의 부풀었던 기운도 가라앉고 나면 나는 두 살 터울의 형과 함께 앞산을 훑고 다니곤 했는데 '광솔'이라고 부르던 소나무 뿌리를 모으기 위해서였다. 베어진 그루터기가 다 썩어서 가운데 단단한 심줄만 남은 것을 발로 팍팍 차서 잡아당기면 쑥 뽑혀 나오던 소나무 뿌리였다. 송진이 꽉 박혀 있어서 썩지 않은 부분이었다. 그게 모아지면 다음엔 그럴듯한 깡통을 하나 구해서 못으로 구멍을 숭숭 뚫고 철사로 끈을 해서 달았다. 준비를 마치면 대보름도 며칠 앞으로 불쑥 다가와 있었다. 누가 뭐라고 하지도 않았건만 어느 날 마을 아이들은 일제히 준비해둔 깡통을 들고 신작로나 논밭에 나가서 관솔을 가득 넣고 불을 붙여 윙윙 돌렸다.

'휭- 휭-' 불바람 소리를 내며 돌아가는 깡통의 불빛은 대보름을 앞둔 어둠과 추위를 태우며 지상의 달이 되어 타올랐다. 초가집 근처에서 돌리다 어른들의 고함 소리를 들으며 도망을 치면서도 한번 시작된 마을 아이들의 깡통돌리기는 그치지 않았다. 실제로 초가지붕에 불이 붙어 마을 사람들이 뛰쳐나와 불을 끈 적도 있었다. 집 가까운 밭에서 돌리던 아이의 깡통줄이 끊어져 불덩어리가 지붕으로 날아간 것이었다. 큰불로 번지기 전에 껐지만 그날은 동네 어디서도 쥐불놀이를 할 수 없었다. 그러나 다음날 놀이는 어김없이 이어졌다. 다만 집 근처를 벗어나 동네 앞 논에서 불이 타올랐다. 사실, 쥐불놀이라는 명칭을 안 것도 도시로 이사하여 몸이 다 큰 다음이었다. 그땐 그것이 쥐불놀이인지를 몰랐다. 깡통돌리기라고 불렀을 뿐, 명칭은 아무래도 좋았고 몰라도 상관없었다. 낮에는 논밭 둑을 태우기도 하면서 밤을 둥그런 불빛들로 수놓던 날들. 추위도 어른들의 호통도 깡통의 불빛을 꺼트리지 못했다.

　마침내 대보름날 밤. 형과 나를 포함한 열 명 남짓 되는 아이들은 깡통을 돌리며 신작로에 진출해 어둠을 사르고 밤을 불태우며 윗마을을 향하여 나아갔다. 가다 보면 저 멀리서 다가오는 커다란 불덩이가 보였다. 가까워질 대로 가까워졌다고 판단한 순간 우리는 다가오는 불덩이를 향해 '이야아' 소리를 지르며 앞으로 내달렸다. 그리곤 돌리던 깡통의 불을 있는 힘을 다해 상대방의 불덩어리 속을 향해 공중으로 날렸다. 윗마을 아이들도 동시에 자신들의 불을 우리 쪽으로 내던졌다. 공중에서 서로의 불과 불이 마주치고 불꽃이 흩어지면서 어둠은 갈가리 찢어지고 흩어지고 불타올랐다.

초등학교 4학년 때 나는 그곳을 떠났다. 들고 다니던 가방을 옆집 아이에게 줬던 것이 내가 마을 아이들에게 했던 마지막 인사였다. 그러나 서울 변두리로 이사한 뒤에도 시골의 모습은 나를 감싸고돌았다. 쉽게 잊히지 않는 모습으로 나를 도시의 변두리에서 겉돌게 했다. 청소년기와 대학을 나오기까지의 기간 동안을 서울에서 보내면서도 나는 줄곧 서울놈도 아니고 시골놈도 아닌 어정쩡한 상태로 보내야 했다. 그리고 지금, 산골에 정착을 하기까지의 여정이 시골을 떠난 어린 시절의 끈을 잇는 일이었음을 어렴풋이나마 인정하게 된다. 어린 시절 시골에서의 기억이 나를 다시 산골로 이끌었음을 부인할 수 없다.

어찌 됐든 나는 다시 산골에서 살고 있다. 그리고 지금은 어깨가 춥다. 어린 시절의 나를 긍정하는 시선으로 그때의 나를 지금의 나로 잇고 있건만, 나는 이미 어린이가 아니다. 어린 시절을 아련한 눈길로 바라보는, 흰머리 듬성듬성 늘어가고 머리카락이 뭉텅뭉텅 빠지는 어른이 되어버렸다. 시린 어깨 위에 내려앉는 어린 시절의 기억들을 묵묵히 바라보아야 하는 어른이 되었다. 어느새.

차가운 얼굴

내가 사는 곳은 망경대산의 남향 중턱쯤이다. 그런 이유로, 마주보이는 마대산은 언제나 북면의 모습을 내보인 채 서 있다. 따뜻하다 싶은 햇살의 기운이 산비탈을 타고 오르는 날이 지속되던 어느 날, 밥상에 달래무침이 올라왔다.

"벌써 땅이 녹았나?"

해가 중천에 올랐을 때에야 모습을 보인 아내의 행적이 달래무침에 어른거리는 것을 보며 나는 혼잣말처럼 물음 하나를 밥상 위에 놓았다.

봄의 기운을 감지하고는 있었지만 나물이 나오리라고는 생각하지 못했다. 쌓인 눈이 녹지 않은 맞은편 산은 아직 허연 모습 그대로였다. 앞산을 바라보며 산 너머 꽃 피는 마을을 그리워하는 동안 봄은 내 발밑까지 다가와 있었다.

늦은 아침을 먹고 집 옆 숲길로 들어섰다. 집에서 등성이를 넘어 계곡의 물가에 이르는 백오십 미터 남짓 되는 숲길은 내가 시간 날 때마다 부담 없이 오가는 길이다. 숲의 생물들에게는 미안하지만 나는 길로 향할 때마다 낫을 한 손에 쥐고 간다. 초록이 짙어질 무렵부터 단풍이 눈에 띄기 시작할 때까지, 어쩌다 한두 번 잊기라도 할라치면 숲길은 이내 가지와 풀과 덩굴들로 나를 막아서곤 했다. 매번 쳐낸다 해도 나를 붙잡는 손들은 길을 지나갈 때마다 또 있었다. 그러다 보니 이젠 버릇처럼 낫을 들고 가게끔 되었다. 겨울에도, 눈에 부러진 소나무 가지가 앞을 막기도 했고 썩은 나뭇가지가 바람에 날려 길을 막고 있는가 하면 미처 잘라내지 못했던 이런저런 덩굴들이 바람 따라 흐느적거리며 나를 건드리기도 해서, 낫은 사계절 내내 제 역할을 다하곤 했다. 때로는 용도를 벗어나 더덕이나 약초를 캐는 도구가 되어주기도 했고 멧돼지나 독사를 만나지나 않을까 하는 염려스러운 마음에 의지가 되어주기도 했다. 앞을 막는 거미줄을 걷어내는 역할을 한 것은 물론이다.

'너무 많이 허락하길 바라지는 않을 테니 계곡까지 가는 길만은 내 자취가 깊다 하여 탓하지 말아다오.'

앞을 막는 것들을 오늘도 낫으로 쳐내며 나는 내가 걷는데 알맞게 길을 바꾸며 걸었다. 길이라고는 하지만 나뭇가지가 하늘을 가리고 있고 사람 하나 걸어가기에 알맞은 넓이의 공간이니, 숲 속 생물들에게 커다란 피해를 주지는 않으리라고 나는 스스로 믿는다. 이해를 안 해 준다고 해도 길을 포기할 생각은 없다. 삶이란 한편으론 어우러지면서도 또 한편으론 다투면서 나아가는 길이 아닌가? 먹고 먹히는 먹이사슬로 이어진 세상에서 살아가는 한 마리 동물로서, 먹히고 잘리고 밟히는 생물들을 동정한다는 것은 어찌 보면 가소로운 짓이다. 그 누구도 그 무엇도 먹이사슬의 흐름에서 자유롭지 못하다. 그런데 누가 누구를, 무엇이 무엇을 가여운 존재로 볼 수 있단 말인가?

길의 중간 부분, 하늘이 좀 트여서 햇살도 밝게 들어오는 곳에 자리한 동백(생강나무꽃)은 아직 꽃을 피우지 않고 있었다. 다만 이제 멀지 않았다는 듯, 꽃망울을 한껏 부풀리고 있었다. 이 산에서 가장 먼저 피는 꽃이 동백꽃이라고 이곳 산마을 사람들은 말한다. 동백꽃이 피어야 '봄이 왔다'고 말한다. 그런데 아직 꽃망울만 부풀리고 있으니 사람들의 말을 따른다면 아직 봄이 오지는 않았다.

긴장감마저 느끼게 하는 부푼 꽃망울을 가만히 손가락 끝으로 쓰다듬었다. 꽃망울을 보면 왠지 예쁘다. 손으로 만져보아도 예쁜 감촉이 전해져 온다. 씨앗을 맺어 자신을 퍼뜨리려는 유전자의 욕망이건, 맘껏 세상을 유혹하고 싶은 꽃의 욕망이건 상관없이, 욕망으로 달아오른 봉오리가 예쁜 것을 보면, 세상의 모든 욕망은 아름다움일지도 모른다는 생각에 닿는다. 꽃이 핀다는 것은 곧 식물들 간의 전쟁이 벌어짐을 의미하기도 한다. 그래도 바라보는 내 눈엔, 온갖 모양과 향기로 자신의 온 힘을 세상에 뿜어내는 꽃들이 그저 예쁠 뿐이다. 그러니, 인간세상에서 끝없이 벌어지는 전쟁도 숲의 생물들에겐 아름다운 모습으로 보일지 모를 일이다. 피가 터지고 살점이 튀기며 순식간에 형체조차 사라지는 인간들을 바라보며, 환호하면서 몸을 바르르 떨지도 모를 일이다.

계곡에 당도하여 보니 허연 짐승처럼 요동치며 누워있던 얼음덩어리가 말끔히 사라졌다. 작년에 비하면 한 달 정도 빠른 현상이다. 인간세상이 빠르게 변화하는 만큼 인간세상을 둘러싼 세상 또한 다름없이 빠르게 변화하고 있음을 인정하게 된다. 인간이 적응하기 힘들 만큼의 빠른 변화가 와서 인간이 사라진다고 해도 그것은 인간의 일일 뿐이다. 새로운 환경에 맞는 생물들의 마음껏 뛰노는 환희의 소리가 이 세상에서 사라지지는 않을 것이다. 혹여 사라진다고 해도 슬플 까닭은 없다. '나'라는 지평을 넓혀가다 보면 '나'는 부모와 다르지 않고 부모의 부모와 다르지 않고 내가 먹는 것들과 다르지 않고 이 땅과 다르지 않고 저 태양을 비롯한 우주의 수많은 별들과 다르지 않음을 인정할 수밖에 없기 때문이다.

숲길을 돌아 나와 아내가 달래를 캤다는 양지바른 비탈을 찾아갔다. 띄엄띄엄 호미질을 한 흔적을 따라가며 걷다 보니 노랗고 하얀 점이 언뜻 눈에 띄었다. 뭔가 잘못 본 것은 아닐까? 눈을 감았다 뜨며 다시 자세히 보았다. 꽃이었다. 웅크리고 앉아서 좀 더 자세히 살펴보았다. 냉이와 민들레였다. 하얀 꽃 냉이꽃, 노란 꽃 민들레꽃. 땅에 착 붙은 잎들이 몸을 붙인 지점에 하얀 점과 노란 점으로 피어난 꽃이었다. 대를 밀어 올려 꽃을 피우기엔 이른 탓이었을 것이다. 꽃을 피우고자 하는 열망이, 꽃대를 밀어 올릴 상황이 되지 않는 현실을 밀쳐내고 꽃대도 없이 땅에 찰싹 붙은 채로 꽃망울을 터트렸다.

예쁘기는 하나 차가운 얼굴의 꽃이었다. 이렇게 악착같이 꽃을 피워야만 할까? 꽃샘추위 따위는 얼마든지 오라는 듯, 바람에도 흔들리지 않고 해만 바라보며 활짝 얼굴을 편 모습이 차갑게만 와닿았다. 길을 막는 식물들의 손을 낫으로 쳐내며 기름진 식탁을 위해 짐승을 때려잡는 나의 차가운 모습이 작은 꽃송이 속에도 웅크리고 있음을 보았기 때문일까?

자신에게 기도하는 자의 모습으로

한 해가 시작되는 겨울의 산야를 바라본다. 잎을 떨군 가지들이 하늘을 향해 손을 모은 채 기도하는 모습으로 섰다. 바람이 불면 바람의 모습으로, 새가 앉았다 날아가면 새의 모습으로 몸이 흔들리면서도 기도하길 멈추지 않는다.

집 앞 길가에 심어놓은 산수유에 눈길이 멈춘다. 산수유는 가지마다 동그란 꽃눈들을 달았다. 가만히 바라보니 무엇인가를 가득 담고 있는 얼굴이다. 세밀히 살핀다. 북풍한설이 몰아치는 오두막 방에 웅크리고 앉아 봄이 오는 소리에 귀를 기울이는 사람이 보인다. 봄을 부르며 겨울의 한기를 녹이는 자의 저 넉넉한 기다림. 이윽고 자신을 감쌌던 거죽을 찢고 노오란 얼굴로 나아가 햇살을 받아먹으며 마음껏 가슴을 펴는 꽃의 몸짓이 보인다. 기도하는 자의 초롱한 눈동자다.

숲에는 며칠 전 내린 눈이 녹지 않은 채 쌓여 있다. 작은 새가 내려앉아 쫑쫑 뛰어간 발자국이 찍혀있다. 두 발을 모아 콩콩 찍어놓은 발자국이 두 손을 모아 기도하는 모습이다. 추위를 밀어내며 먹이를 찾는 간절함이 담겼다. 네 발 달린 동물의 발자국도 보였다. 일정한 간격을 두고 앞발 뒷발 구분도 되지 않는 두 개의 발자국을 나란히 찍으며 나아갔다. 살쾡이일까? 누구에게도 굴복하지 않을 듯한 강건한 흔적이다. 어긋나지 않고 원하는 곳으로 가려는 자의 의지가 담겨있다. 그 의지가 기도하는 자의 마음으로 읽힌다.

"삐- 삐- 삐이-, 삐- 삐- 삐이-."

나무와 나무 사이 어딘가에서 새소리가 다가온다. 냉랭하면서도 맑은 기운이 감도는 숲을 울린다. 산에서 기도하는 여인의 음성과 다르지 않다. 소란스럽거나 탁하지 않으면서 푸르른 빛이 번져 나오는 소리다.

집으로 돌아오다 지난가을에 밀씨를 뿌린 밭으로 들어갔다. 아기들이었다. '으앙' 울음을 터뜨리며 세상에 나온 새싹들이 눈 위로 뾰족뾰족 얼굴을 내민 채 솟아있다. 기도하는 손들이 무리를 이루어 겨울의 얼음세상을 녹이고 있다. 새싹들의 소리 없는 말이 내 귀를 파고든다. 봄의 푸르른 세상을 열기 위해선 얼음보다 차가운 마음으로 세상을 응시해야 한다. 푸른 눈을 깜박거리며 하늘 향해 손을 올린 채 자신에게 기도하는 자의 모습으로 살아야 한다.

어리디어린 밀싹들이 얼음겨울을 견디며 봄을 열어가는 모습을 바라보면서 나는 은근히 부끄럽다. 한겨울 추위에도 당당함을 잃지 않는 밀싹들을 보면서 나는 웅크린 어깨를 펴고 숙였던 고개도 들어 하늘과 맞대면하면서 '장자'의 첫머리에 나오는 '붕'이라는 새를 바라본다. 회오리바람을 일으켜 타고 구만리장천을 날아가는 거대한 새가 되진 못할망정 밀싹들에게 부끄러운 짓은 하지 말아야겠다.

다시 걸음을 옮기다 뒤에서 잡아당기는 것이 있어 문득 뒤를 돌아보았다. 눈 위에 찍힌 내 발자국 또한 영락없이 기도하는 마음을 닮았다. 여리면서도 강한 밀싹의 모습을 닮고 싶은 내 염원을 발자국 자국마다 내려놓는다.

새로운 시작을 위하여

    길을 덮으며 벌판을 길로 만든 사람,
    북서로부터 몰려오던 바람을 타고 산정을 스쳐가며 밤낮없이 부르던 소리가 당신이었군요

    천지간을 건너오신 당신의 모습엔 나의 탄생이 얼비쳐 있습니다
    땅의 경계를 이토록 허물어 그저 하얀 세상을 펼치고 있는 당신을 오늘에야 만났습니다

    이제 하늘보다 눈부신 지상의 세계입니다
    하늘을 바라며 가려 하지 않겠습니다

위의 글은 내 첫 시집에 실린 「첫눈」이라는 제목의 시다. 시작이란 무엇일까? 무엇인가 새롭게 시작한다는 것, 새롭게 시작된다는 것은 무엇을 의미할까? 위 시를 쓸 때의 내 생각을 돌이켜본다면 그것은 내 앞에 있었으나 보이지 않던 모습을 보는 것, 그리하여 보이지 않던 길이 열리는 것이다. 그 길은, 사람이 만들어 놓은 '탄탄대로'이기보다는 눈 덮인 벌판으로 펼쳐져 있다. 물론 많은 사람들이 자신의 앞에 잘 포장된 널찍한 길이 열려 있어 그 길을 따라가기만 하면 부귀영화가 무더기로 쏟아지길 바란다. 그런 사람들에게 유익한 삶의 방식을 나는 잘 알지 못한다. 또한 알기 위해 노력하지도 않는다. 스스로 발자국을 찍으며 자신만의 길을 걸어가고자 하는 사람들이 내 시야를 채우고 있기 때문이다.

겨울이면 사람이 다니던 길 위에 눈이 내린다. 작물이 자라던 밭에도 눈이 내린다. 숲에도 바위 위에도 사람의 집에도 그들이 만들어 놓은 쓰레기 더미 위에도 눈이 내린다. 얼어붙은 강에도 눈이 내린다.

눈으로 덮인 세상에 서서 둘러보면, 눈 위에서 반짝이는 햇살처럼 가슴은 밝아지고 눈망울은 그 어떤 설렘으로 달아오른다. 발을 내딛는 그곳이 곧 길이요 나아가는 길이 곧 내가 가고자 했던 세상이 된다. '뽀드득 뽀드득' 발과 눈이 만나는 소리는 얼마나 다정스러운가! 바람이 살짝 살짝 불 때마다 나무

위의 눈은 꽃가루가 되어 날리며 둘의 만남을 시기한다. 나아 갈수록 햇살은 더욱 눈부시다. 급히 날아가는 새들도 불에 타는 듯 반짝인다. 길 하나 보이지 않는 세상 앞에 섰을 때, 그 환한 빛만큼이나 두렵게 다가오던 알지 못하던 것들이, 눈 위에 발자국이 늘어나는 만큼 가깝게 다가와 자신의 모습을 내보인다. 앞을 막아서던 막연한 두려움이 어느새 자신을 감싸는 풍요로운 모습으로 변해 있음을 불현듯 보게 된다.

우리가 '시작'이라고 할 때, 거기엔 '새로운'이라는 수식어가 붙기 마련이다. 붙이지 않았다고 해도 '시작'이라는 말 속엔 그런 뜻이 내포되어 있다. 새롭지 않은 시작은 상상한다는 것만으로도 왠지 답답하고 힘이 빠진다. 새롭지 않은 시작에는 그 어떤 기대나 설렘이 따라붙을 수도 없으니 그런 시작은 '시작'이라는 용어를 쓸 필요조차 없다. 그저 어쩔 수 없이 하는 일에 시작이라는 말을 붙이기는 어렵다. '새로운'이라는 수식어를 붙이기는 더욱 어렵다.

그렇다면 우리가 말하는 시작이라는 말 속엔 자신의 능동적인 자세가 바탕에 깔려있다고 봐야 한다. 그러면 능동적인 자세는 또 어디서 나올까?

이 글의 앞에 제시한 시의 한 구절인 "하늘보다 눈부신 지상의 세계"는 그저 눈이 덮인 벌판을 바라보는 것만으로 드러나는 세계는 아니다. 위의 시에서 예로 든다면 "북서로부터 몰려오던 바람을 타고 산정을 스쳐가며 밤낮없이 부르던 소리"를 들었어야 한다. "밤낮없이 부르던 소리"는 곧 자신이 갈구하는 대상이다. 위의 시에서 갈구의 대상은 곧 첫눈으로 드러난다. 그러나 첫눈도 표상일 뿐, 진정한 대상은 자신이 원하는 자신의 모습이다. 그러니 "밤낮없이 부르던 소리"를 듣는 행위는 자신을 부르는 몸짓이 된다. 그리하여 마침내 첫눈이 왔을 때, 보고자 하던 자신의 모습을 볼 수 있게 되는 것이다.

　자신의 모습이 보인다는 것은 능동적인 자세를 갖췄다는 것이며 다른 세상으로 나아갈 준비가 됐음을 의미한다. 그때, 세상은 자신의 무한한 품을 열어 보인다. 그 열려진 세상을 향해 뚜벅뚜벅 걸어 들어가는 사람. 두려움을 떨치고 새로운 시작의 발을 옮겨놓는 당신이다.

ⓒ 유승도, 도서출판 b, 2011

수염 기르기

초판 1쇄 발행 2011년 8월 1일

지은이   유승도
펴낸이   조기조
기획   이성민, 이신철, 정지은, 조영일
편집   백은주, 김장미
표지디자인 미라클인애드
인쇄   상지사P&B
펴낸곳   도서출판 b
등록   2003년 2월 24일 제12-348호
주소   151-899 서울특별시 관악구 미성동 1567-1 남진빌딩 401호
전화   02-6293-7070(대)
팩시밀리 02-6293-8080
홈페이지 b-book.co.kr
이메일   bbooks@naver.com

ISBN 978-89-91706-45-3 03810
값   12,000원

* 한국문화예술위원회의 문예진흥기금 보조사업

* 이 책 내용의 일부 또는 전부를 재사용하려면 저작권자와
  도서출판 b 양측의 동의를 얻어야 합니다.

* 잘못된 책은 교환해 드립니다.